Jean-Michel Ragald

L'homosexualité face à la parole de Dieu

Jean-Michel Ragald

L'homosexualité face à la parole de Dieu

De l'origine à la délivrance

Éditions Croix du Salut

Impressum / Mentions légales
Bibliografische Information der Deutschen Nationalbibliothek: Die Deutsche Nationalbibliothek verzeichnet diese Publikation in der Deutschen Nationalbibliografie; detaillierte bibliografische Daten sind im Internet über http://dnb.d-nb.de abrufbar.
Alle in diesem Buch genannten Marken und Produktnamen unterliegen warenzeichen-, marken- oder patentrechtlichem Schutz bzw. sind Warenzeichen oder eingetragene Warenzeichen der jeweiligen Inhaber. Die Wiedergabe von Marken, Produktnamen, Gebrauchsnamen, Handelsnamen, Warenbezeichnungen u.s.w. in diesem Werk berechtigt auch ohne besondere Kennzeichnung nicht zu der Annahme, dass solche Namen im Sinne der Warenzeichen- und Markenschutzgesetzgebung als frei zu betrachten wären und daher von jedermann benutzt werden dürften.

Information bibliographique publiée par la Deutsche Nationalbibliothek: La Deutsche Nationalbibliothek inscrit cette publication à la Deutsche Nationalbibliografie; des données bibliographiques détaillées sont disponibles sur internet à l'adresse http://dnb.d-nb.de.
Toutes marques et noms de produits mentionnés dans ce livre demeurent sous la protection des marques, des marques déposées et des brevets, et sont des marques ou des marques déposées de leurs détenteurs respectifs. L'utilisation des marques, noms de produits, noms communs, noms commerciaux, descriptions de produits, etc, même sans qu'ils soient mentionnés de façon particulière dans ce livre ne signifie en aucune façon que ces noms peuvent être utilisés sans restriction à l'égard de la législation pour la protection des marques et des marques déposées et pourraient donc être utilisés par quiconque.

Coverbild / Photo de couverture: www.ingimage.com

Verlag / Editeur:
Éditions Croix du Salut
ist ein Imprint der / est une marque déposée de
OmniScriptum GmbH & Co. KG
Heinrich-Böcking-Str. 6-8, 66121 Saarbrücken, Deutschland / Allemagne
Email: info@editions-croix.com

Herstellung: siehe letzte Seite /
Impression: voir la dernière page
ISBN: 978-3-8416-1972-3

Copyright / Droit d'auteur © 2015 OmniScriptum GmbH & Co. KG
Alle Rechte vorbehalten. / Tous droits réservés. Saarbrücken 2015

TABLE DES MATIERES

Introduction..p. 7

1°/ Le polymorphisme des liens de séduction................................p. 7
2°/ Le polymorphisme de l'homosexualité....................................p. 8

Chapitre I – L'homosexualité parmi les nations............................p. 11

    Section I – La notion d'homosexualité.....................................p. 11

        § 1 – L'origine et les formes de l'homosexualité................p. 11

        A – L'origine spirituelle de l'homosexualité...........................p. 11

1°/ Les imperfections des approches non spirituelles........................p. 11
2°/ Le mensonge et l'idolâtrie comme sources d'égarement............p. 16
3°/ Les significations de l'expression « *Dieu les a livré* »..............p. 25

        B – Les dérèglements inhérents aux diverses formes d'homosexualité..p. 30

1°/ La distinction entre l'homosexualité masculine et l'homosexualité féminine..p. 30
2°/ La problématique de la bissexualité..p. 34
3°/ La situation des transgenres..p. 37

        § 2 – Les particularités au niveau des pratiques sexuelles.......p. 38

        A – Les pratiques homosexuelles..p. 38

1°/ La sodomie...p. 38
2°/ Les pratiques sexuelles liées à l'homosexualité féminine..........p. 42

        B – La notion d'homosexuel..p. 43

1°/ La terminologie de l'*Ancien Testament*.................................p. 43
2°/ La notion contenue dans le *Nouveau Testament*....................p. 45

Section II – Les dérives anti-bibliques observables....................p. 46

§ 1 – Les déviances intérieures......................................p. 46

A – La corruption de l'âme..p. 46

1°/ Les aspects de la corruption de l'âme...p. 46
2°/ Les rapports contre-nature..p. 50

B – L'instauration du mariage homosexuel dans certaines nations...p. 53

1°/ Le détournement de la volonté divine..p. 53
2°/ L'usage de techniques législatives...p. 55

§ 2 – Les répercussions de l'homosexualité......................p. 56

A – Les répercussions familiales..p. 56

1°/ La notion de l'homoparentalité..p. 56
2°/ L'adoption et la filiation..p. 61
3°/ La distinction spirituelle entre les systèmes éducatifs.....................p. 63

B - Les répercussions extra-familiales...................................p. 65

1°/ Le recours à la science..p. 65
2°/ Le recours aux principes juridiques...p. 66

Chapitre II - Les réponses bibliques apportées face à l'homosexualité......p. 69

Section I - La logique de rupture..p. 69

§ 1 - La rupture propre à l'individu et aux couples homosexuels...p. 69

A - Le rejet de l'impudicité..p. 69

1°/ Le principe du rejet biblique de l'impudicité.................p. 69
2°/ Les cas d'adultères homosexuels............................p. 75

B – La rupture des alliances homosexuelles..................................p. 75

1°/ L'annulation des mariages homosexuels...........................…..........p. 76
2°/ Les incidences de la rupture des alliances homosexuelles................p . 81
3°/ Le retour à une logique conjugale originelle..............................p. 82

§ 2 – La rupture par rapport aux constructions familiales contraires à la bible..p. 85

A – La lutte contre l'influence de l'homosexualité sur l'éducation des enfants...…...................p. 85

1°/ La responsabilité principale des parents..............................p. 85
2°/ La bonne conception de la « *paideia* »......................................p. 87

B – La rupture avec les fausses doctrines et les pratiques scientifiques promouvant l'homosexualité..p. 88

1°/ La rupture par rapport aux fausses doctrines.....................p. 88
2°/ La rupture avec certaines pratiques scientifiques.........................p. 91

Section II – Vers une restructuration de l'être intérieur.................p. 93

§ 1 – La guérison de l'âme...p. 93

A – La guérison intérieure de l'homosexuel............................p. 93

1°/ Le champ de la guérison intérieure...p. 93
2°/ Les modalités de la guérison intérieure...............................p. 97
3°/ La coupure des liens d'âme...p. 101
4°/ La guérison du rejet chez l'homosexuel.................................p. 107

B – Le processus de purification de l'âme chez l'homosexuel........p. 109

1°/ L'obéissance à la vérité..p. 109
2°/ Aimer aux sens « *agapao* » et « *phileo* »............................p. 110
3°/ La purification du cœur..p. 112

4°/ Le rejet de la semence corruptible pour une incorruptible *via* la nouvelle naissance..p. 113
    5°/ L'action du sang de *Christ* dans la conscience du pécheur...............p. 115

        § 2 – La guérison spirituelle..p. 118

        A – La lutte contre le mensonge et l'idolâtrie...........................p. 118

1°/ La lutte contre le mensonge...p. 118
2°/ La lutte contre l'idolâtrie...p. 122

        B – L'homosexualité face à la démonologie............................p. 126

1°/ Le rapport biblique entre l'homosexualité et *Beliya'al*.....................p. 126
2°/ Les esprits séducteurs..p. 128
3°/ Les autres esprits intervenant dans le cadre de l'homosexualité.........p. 131

Conclusion..p. 137

Introduction

> « Que le péché ne règne donc pas dans votre corps mortel pour vous faire obéir à ses convoitises. Ne disposez pas vos membres comme des armes d'injustice pour le péché, mais disposez de vous-même pour *Dieu* comme des vivants revenus d'entre les morts, et vos membres comme des armes de justice pour *Dieu* »[1].

L'étude de l'homosexualité peut être appréhendée sous divers angles (historique, sociologique, étiologique, psychanalytique, sexologique, juridique, biologique, biblique…). Cependant, certains ne présentent pas la complétude utile à la compréhension de toute cette problématique. En effet, l'approfondissement de l'approche biblique permet d'envisager des solutions intéressantes au-delà des principes d'interdiction et de condamnation contenus dans les saintes écritures.

Du point de vue pratique, le polymorphisme concerne généralement les liens sexuels (1) et particulièrement l'homosexualité (2).

1°/ Le polymorphisme des liens de séduction

De par la structure tripartite de l'être humain, les aspects biologiques et psychiques sont insuffisants. C'est pourquoi l'approche spirituelle mérite une attention toute singulière. A ce propos, elle relève des liens multiples (de naissance, de dépendance, de caractère, intra-utérins, culturels, de sorcellerie…). Parmi eux, les « liens de séduction » touchent à la sexualité et à la tromperie. L'homosexualité s'inscrit dans ce cadre.

Par exemple, ces liens encouragent la recherche d'une personnalité fondée sur l'acte sexuel, l'orientation ou l'approche sexuelle. Le caractère poly-forme de la débauche se traduit par une pluralité de pratiques sexuelles interdites comme l'adultère, la bisexualité, l'homosexualité, l'inceste, la masturbation, la zoophilie, la pédophilie, la nécrophilie, la gérontophilie…

---
[1] - Romains, 6, 12 et 13.

Or, toute relation sexuelle hors mariage hétérosexuel (impudicité ou adultère), contre-nature (homosexualité, mariage homosexuel, zoophilie, nécrophilie), intrafamiliale (inceste) s'apparente aux liens de malédiction inhérents à la désobéissance à la parole de *Dieu*[2]. De telles pratiques ne peuvent recevoir l'aval divin.

La proscription de certaines attitudes sexuelles interpelle les concernés sur le rapport au sexe lui-même. A titre illustratif, la débauche peut prendre l'aspect de l'onanisme recouvrant un ensemble de pratiques visant à obtenir un plaisir sexuel solitaire, en l'absence de tout partenaire. Le terme vient improprement de l'histoire d'un personnage biblique *Onan*. Bien que marié à *Tamar* dans le cadre du lévirat, *Onan*, dont le nom signifie « vigoureux », fut puni par *Dieu* pour avoir refusé de susciter une postérité à son frère en laissant tomber sa semence à terre au lieu de l'administrer à son épouse. En l'espèce, le péché s'est caractérisé par le refus de s'inscrire dans une logique procréative alors qu'il était en pleine possession de ses moyens. Par extension, celui qui recherche à se faire plaisir individuellement est comparable à celui qui jette sa semence à terre.

2°/ Le polymorphisme de l'homosexualité

A l'instar des liens sexuels présentant plusieurs formes, l'homosexualité est polymorphe. Au-delà de la distinction basique entre l'homosexualité masculine et celle féminine, d'autres classifications subsistent.

Sorte d'homosexualité masculine, la pédérastie a servi à lier sexuellement un homme adulte avec un enfant ou un jeune homme. Cette homosexualité pédophile, institutionnalisée dans la *Grèce* classique, était même parfois adultérine. Cette illustration historique montre trois choses. *Primo*, un enfant ou un jeune homme peut être la victime, malgré lui, de l'homosexualité à cause d'une influence sociale. Parallèlement, il s'agissait d'un moyen de promotion sociale. *Deuzio*, l'homosexualité institutionnalisée existait plusieurs siècles avant d'être approfondie par l'admission du mariage homosexuel dans certaines nations. *Tercio*, l'homosexualité adultérine ne concerne pas seulement le mari trompant sa femme avec un autre homme, mais encore l'épouse trompant son mari avec une autre femme.

L'homosexualité légalisée entre particulièrement dans des stratégies sociales, institutionnelles et normatives. Elle prend appui sur des fondements ancestraux tout en trouvant parallèlement un terrain favorable dans l'évolution scientifique et celle

---

[2] - Lévitique (*Wayiqra*), 18, 1er et s.

des mentalités. Pour arriver à ce stade, les pays concernés ont d'abord dépénalisé l'homosexualité, puis l'ont promue au travers d'unions civiles et/ou les mariages homosexuels. Sur la base de principes juridiques, la légalisation de l'homosexualité a suscité l'établissement de « droits » nouveaux, patrimoniaux, sociaux, fiscaux, familiaux, successoraux... Mais, cette officialisation favorise la prolifération de péchés si bien que le droit selon les nations n'est pas forcément le droit selon la parole de *Dieu*.

La promotion de l'homosexualité a fait naître des concepts nouveaux. Par exemple, l'homoparentalité suscite l'usage de la procréation médicalement assistée et/ou de règles particulières attachées à la filiation. Les artifices scientifiques et juridiques expriment *de facto* une volonté humaine de surmonter l'insurmontable, de bâtir sans *Dieu* parce qu'il est impossible naturellement pour deux personnes de sexe identique de procréer. La négation de la vérité biologique défie l'ordre divin. L'admission de l'homosexualité a provoqué des constructions familiales complexes s'opposant à la logique divine initiale pourtant claire.

Outre l'association entre l'homosexualité, la pédophilie et l'adultère, certaines situations peuvent montrer un rapport entre :

- l'homosexualité, la pédophilie et l'inceste,
- l'homosexualité, la pédophilie et le viol,
- l'homosexualité, la pédophilie, l'inceste et le viol,
- l'homosexualité et la pédophilie,
- l'homosexualité et le viol, une distinction existant entre l'homosexualité consentie et celle qui est contrainte...

Devant une telle variété de cas, le présent ouvrage n'a pas pour objectif de stigmatiser une catégorie spécifique de personnes. Néanmoins, la dualité de la parole de *Dieu*, épée à double tranchant, permet de relever un double aspect : la sanction du péché et le salut du repentant. Sur cette base, l'étude s'articule autour de deux idées principales : l'existence de l'homosexualité parmi les nations (Chapitre I) et l'énoncé de pistes de solution contenues dans la bible (Chapitre II).

Chapitre I – L'homosexualité parmi les nations

La notion d'homosexualité (Section I) interpelle quant aux dérives anti-bibliques mises en perspective (Section II).

Section I – La notion d'homosexualité

Le concept d'homosexualité peut être appréhendé selon son origine et ses formes (§ 1). Il touche aux pratiques sexuelles singulières (§ 2).

§ 1 – L'origine et les formes de l'homosexualité

L'homosexualité et la parole de *Dieu* révèlent deux sources d'inspiration distinctes. Certes, les approches psychiques et biologiques pour déterminer les causes de l'homosexualité existent. Mais, elles ne peuvent écarter une origine spirituelle plus profonde (A). De plus, les formes d'homosexualité sont multiples (B).

A – L'origine spirituelle de l'homosexualité

Les écrits de l'apôtre *Paul* enseignent sur l'origine spirituelle de l'homosexualité. Les thèses psychanalytiques, biologiques et l'approche historique restent insuffisantes (1). En revanche, la vision biblique sur l'homosexualité relève le concours spirituel du mensonge et de l'idolâtrie (2). Parallèlement, il importe de comprendre le sens de l'expression « *Dieu* les a livrés » concernant les homosexuels (3).

1°/ Les imperfections des approches non spirituelles

L'homosexualité se définit comme « le désir, l'amour, l'attirance sexuelle ou la pratique de rapports sexuels entre individus de même sexe ». Cette acception met en relation des aspects psychiques et physiques. Or, l'être humain est composé d'un esprit, d'une âme et d'un corps[3]. Aussi, pour pertinents qu'ils puissent être parfois, certains aspects psychiques et biologiques ne suffisent pas. Les écrits des psychanalystes sur l'âme et ceux des tenants de l'approche biologique observant le fonctionnement du corps humain ne couvrent pas toute la problématique de l'origine de l'homosexualité.

---

[3] - I Thessaloniciens, 5, 23.

De même, la conception historique de l'homosexualité permet uniquement de déterminer les modalités et les causes de son développement. Elle va simplement dire ce qui s'est passé, en définir l'ampleur sans pour autant formuler les moyens d'en sortir.

L'approche psychanalytique de l'origine de l'homosexualité - La psychanalyse se base sur un « prédéterminisme » semblant souligner une espèce de fatalité. Certaines personnes homosexuelles estiment être nées ainsi. Or, ce postulat encourage d'emblée un sentiment d'échec face à toute perspective de changement et empêche la recherche par l'individu concerné d'une éventuelle délivrance.

Cette théorie de l'inhérence factuelle n'est en réalité que le reflet d'un sentiment d'impuissance altérateur de la foi en un véritable changement. Elle va susciter une pensée d'irréversibilité laissant accroire qu'il n'y a pour l'homosexuel aucune possibilité d'en sortir. En fait, cette façon de raisonner exprime une incrédulité.

Alors, certains chercheurs ont voulu résoudre l'énigme sans en maitriser ni connaitre tous les ressorts. Le regroupement de l'ensemble des données étiologiques relatives à l'homosexualité montrent que les arguments factoriels et psychiques développés ne sont pas pleinement satisfaisants.

Néanmoins, l'accent reste mis sur trois choses : les problématiques liées à l'enfance ou à l'adolescence, ce qui renvoie aux valeurs éducatives inculquées, l'orientation constatée du désir sans pour autant en déterminer l'origine et l'existence d'effets de mode libérant de plus en plus facilement les mœurs.

Face au constat d'un dysfonctionnement, certains s'interrogent sur les moyens d'y remédier. Pourtant, la transversalité de la bible permet d'appréhender de manière particulière toutes les questions éducatives, psychiques et mondaines.

L'approche biologique de l'origine de l'homosexualité - Les partisans de l'origine biologique de l'homosexualité font de la réponse aux besoins biologiques un argument de base. L'individu concerné souhaite satisfaire une pulsion sexuelle, un désir sans en rechercher la cause.

<u>*Les limites de la thèse intra-utérine*</u> - L'insuffisance de la conception psychanalytique se couple avec une approche biologique imparfaite. Certaines formules révèlent un

sentiment d'incapacité ou d'échec à l'instar de cette déclaration d'ailleurs fausse : « on nait homosexuel, on ne le devient pas ».

Une telle position traduit *de facto* un état d'âme traduisant le défaitisme et une espèce de condamnation depuis le ventre de la mère. Or, cette condamnation depuis le ventre de la mère ne saurait être acceptée dans la mesure où l'appel de *Dieu* peut se manifester depuis ce stade[4] et même bien avant[5].

S'il faut fort justement parler de facteurs prénataux, certains ont malheureusement évoqué des « déterminants biologiques prénataux » exprimant davantage une prégnance organique (hormones, glandes surrénales) plutôt qu'une dominance psychique et spirituelle observable depuis le ventre de la mère.

Par ailleurs, l'homosexualité ne procède pas uniquement de déterminants prénataux car ce qui se passe dans le ventre de la mère est un facteur explicatif parmi d'autres. En effet, la décision de devenir homosexuel peut être liée à un facteur post-utérin dans certains cas.

Les limites de la thèse liée au contexte familial - Certains ont essayé d'expliquer une orientation homosexuelle par une déviance progressive opérée au cours de l'adolescence. Distincte de l'origine intra-utérine, cette hypothèse souligne les dysfonctionnements au sein du foyer pour soutenir une origine familiale de l'homosexualité sans tenir compte du fait qu'*Elohim* est à la source de la famille elle-même.

On constate alors que la thèse de l'origine familiale de l'homosexualité est loin d'être satisfaisante. Toutefois, il reste vrai qu'un enfant voyant se perpétrer des œuvres charnelles en présence d'un lien de conjugalité parental, décide soit par dégoût[6], soit par opposition aux parents[7] ou bien en vue de leur faire du mal[8], de s'orienter vers l'homosexualité. Ces hypothèses montrent que le problème premier réside dans un

---

[4] - Esaïe (*Yeshayahou*), 49, 1er.
[5] - Jérémie (*Yirmeyahou*), 1er, 5.
[6] - Dans ce contexte, le dégoût peut être accompagné de la « *gamophobie* » (peur du mariage) ou de la « *misogamie* » (haine du mariage). Parce que l'enfant a vu ses parents mariés dans le cadre hétérosexuel se disputer pour une raison ou une autre, il aura le dégoût du mariage et il pourrait s'orienter vers des pratiques contre-nature.
[7] - Par exemple, si un enfant a des difficultés relationnelles avec ses parents et que ceux-ci sont contre l'homosexualité, il va prendre volontairement un positionnement différent en avalisant l'homosexualité et/ou en la pratiquant.
[8] - Parfois, l'enfant va s'inscrire dans une perspective d'autodestruction en vue de faire souffrir ses parents même si lui-même pourrait en pâtir.

état d'âme individuel (dégout), une rébellion (désobéissance) ou une méchanceté (volonté de punir). Il convient alors de déterminer *in concreto* les raisons pour lesquelles un enfant bascule dans l'homosexualité. Cette connaissance procède de l'œuvre du *Saint-Esprit* et de la nécessité d'établir une communication constructive avec l'enfant en cas de relations défaillantes.

Parmi les raisons, l'enfant peut vouloir simplement chercher un exutoire pour échapper à la mauvaise ambiance familiale, pensant trouver dans l'homosexualité une réponse ou un réconfort.

Néanmoins, face aux traumatismes familiaux, la problématique est extrêmement profonde. Le « *trauma* » constitue une référence explicite à une blessure physique ou psychique. Un enfant blessé physiquement et/ou psychiquement par ses parents à cause des paroles de dévalorisations, de mépris, peut le contraindre à réaliser des actes ayant pour but de se faire remarquer. Ce « *trauma* » est parfois susceptible de conduire l'enfant à s'orienter vers les pratiques homosexuelles. Pourtant, ce n'est pas en opérant un transfert qu'une personne, adolescente ou non, guérit d'une blessure.

On voit très bien que, ne pouvant traiter la problématique en amont, les tenants d'une origine familiale proposent en aval une acceptation plus large de l'homosexualité au sein de la population en pensant réduire ainsi la souffrance des homosexuels. Cela montre à l'évidence les carences de la thèse de l'origine familiale singularisées par deux choses. D'une part, elle ne va pas suffisamment en profondeur. D'autre part, elle peut conduire à tirer des conclusions anti-bibliques par l'admission d'un péché.

Or, accepter l'homosexualité en aval en pensant faire fi des souffrances inhérentes à une telle situation occulte l'origine spirituelle de certaines douleurs attachées au péché. Les souffrances émanant du péché ne peuvent être écartées que par les moyens bibliques.

Enfin, l'admission fataliste de l'homosexualité fait fi également de l'origine spirituelle de l'homosexualité. Dans l'épître aux *Romains*, l'apôtre *Paul* a effectivement signalé que l'homosexualité procède du mensonge et de l'idolâtrie.

L'approche historique – Historiquement, malgré une mention prépondérante de l'expérience grecque, la *Torah* rédigée par *Mosheh* près de quinze siècles avant *Jésus-Christ* a explicitement parlé de l'homosexualité masculine. C'est dire que cette problématique est multiséculaire et que cette pratique était déjà présente au moment de la rédaction de la loi de *Mosheh*. L'histoire de *Sedom* (*Sodome*) et d'*Amorah*

(*Gomorrhe*), dont les faits sont antérieurs à la vie de *Mosheh*, témoigne de la sanction biblique par le feu pour les sodomites.

La pratique de l'homosexualité dominait aussi la culture de *Yavan* (la *Grèce*) d'où viennent les notions de pédérastie, de saphisme et de lesbianisme. Prégnante en philosophie, en matière d'art et même de gouvernement, cette logique a été étendue dans le temps et dans d'autres nations.

<u>*L'homosexualité en matière philosophique*</u> - L'homosexualité a été développée sur la base de développements philosophiques et de la constitution de personnages mythiques. Ainsi, le philosophe *Platon* suscita l'« *hermaphroditos* », personnage mythique doté de deux sexes distincts. Cependant, la bible déclare de prendre garde à ce que personne ne vienne prendre au piège le croyant par philosophie (« *philosophia* ») et vaine tromperie selon les traditions des humains, selon les éléments du monde, non pas selon *Christ*[9].

Le terme « philosophie » renvoie à l'amour de la sagesse (« *phileo* » : « aimer » et « *sophia* » : « sagesse », « savoir » ou « *philos* » : « ami » et « *sophia* »). Toutefois, la sagesse humaine n'est pas la sagesse de Dieu[10]. Ainsi, parmi les philosophes grecs, les épicuriens mettaient l'accent sur la recherche de plaisirs. C'est là qu'existe une prise au piège au moyen d'une vaine tromperie (« *kenês apatês* ») se fondant sur la tradition (« *paradosis* ») des humains et sur les « éléments du monde » (« *stoikheîa toû kosmou* »).

En clair, les raisonnements philosophiques inscrits dans une logique coutumière ou fondée sur l'esprit du monde (convoitise de la chair, convoitise des yeux et orgueil de la vie) ont permis des constructions intellectuelles pour tenter de justifier l'homosexualité.

<u>*L'homosexualité dans le domaine artistique*</u> - L'homosexualité a inspiré l'art comme ce fut le cas de *Sapho* de *Lesbos* à propos de ses écrits poétiques. Or, le lesbianisme ou le saphisme aurait été développé dans la *Grèce* ancienne au VIème avant *Jésus-Christ*.

Des artistes célèbres étaient connus pour leur homosexualité, en l'occurrence *Léonard de Vinci* (1452-1519) et *Michel-Ange* (1475-1564). Sans stigmatiser ni

---

[9] - Colossiens, 2, 8.
[10] - I Corinthiens, 1er, 19 et s.

généraliser, ces exemples montrent que le milieu artistique peut être impacté par une telle tendance.

L'homosexualité au niveau du gouvernement - Dans la *Grèce* antique, de nombreuses personnalités étaient connues pour se soumettre aux pratiques homosexuelles. Parmi elles, le roi de *Macédoine Alexandre le Grand*, couronné à l'âge de 20 ans et ayant conquis un large territoire s'étendant de la *Grèce* à l'*Inde*, fut également connu pour avoir entretenu des relations sexuelles avec plusieurs femmes et avec deux hommes en particulier. Ce roi bisexuel mourut à l'âge de 32 ans en 323 avant *Jésus-Christ* à *Babylone*.

Sous le règne d'*Henri III*, il y avait des « mignons de couchette » avec toute la connotation sexuelle que cela pouvait supposer. Ces illustrations témoignent de ce que l'homosexualité pourrait toucher les plus hautes sphères d'un pays.

En somme, l'approche historique permet de constater l'étendue des pratiques précitées sans pour autant en définir les conditions de sortie.

2°/ Le mensonge et l'idolâtrie comme sources d'égarement

L'apôtre *Paul* évoque le mensonge et l'idolâtrie comme étant à l'origine de l'homosexualité.

Le mensonge - Chez les homosexuels, l'égarement consiste à ce que la vérité de *Dieu* a été échangée contre le mensonge (« *pseudei* »)[11]. Le « *pseudos* » est le « mensonge », une « fausseté consciente et intentionnelle », « tout ce qui n'est pas vrai », des « préceptes pervers, impies, trompeurs », l'« apparence d'une vérité », une « illusion ».

L'homosexuel se trompe lui-même et sur lui-même. Plutôt que de croire en la parole de *Dieu*, l'individu mettra sa foi dans des transgressions bibliques en échafaudant des concepts particuliers (homoparentalité, homo-identité...). Or, ce type de construction n'est pas sans rappeler la pensée selon laquelle les hommes pensaient pouvoir toucher *Dieu* en construisant une tour (« *migdol* »)[12]. De plus, ce n'est pas par une construction physique que l'on atteint *Dieu*, ni par une construction anti-biblique.

---

[11] - Romains, 1er, 25.
[12] - Genèse (*Berechit*), 11, 1er et s.

Dès lors, en matière d'homosexualité, le mensonge touche diverses réalités : l'évolution de règles juridiques, la construction de mythes, la consommation du fruit interdit, la prégnance de fausses doctrines, l'apostasie, la négation de la vérité biologique.

Le mensonge dans les règles des nations - Dans certaines nations, les règles édictées visent à promouvoir l'homosexualité en se fondant juridiquement sur le principe de laïcité. Il s'agit d'organiser la société, les institutions publiques indépendamment de la parole de *Dieu*. La société civile se trouve séparée de la société religieuse. En somme, la laïcité implique le refus de toute religion en excluant notamment la parole de *Dieu* dans le fonctionnement des institutions.

Le principe part du postulat d'ailleurs erroné que le peuple a raison. Le latin « *laicus* » (« laïc ») vient du grec « *laikos* », « du peuple » et dérivé du vocable « *laos* » signifiant « peuple ». Sur la base du principe de laïcité, certaines règles étatiques ont pris le contrepied de la bible. En conséquence, la laïcité admet l'homosexualité dans certains pays en valorisant une liberté conçue charnellement. En revanche, la bible la refuse au titre de la promotion de la liberté spirituelle.

D'autres principes juridiques à l'instar de la liberté et de l'égalité ont été employés pour encourager l'homosexualité. Les nations établissent et posent les fondements juridiques d'élaboration de nouvelles règles sociales sans recourir à la bible. Dans cet esprit, de nouvelles normes afférentes au droit de la famille (mariage, filiation…), au droit des successions, au droit fiscal, au droit social sont élaborées au point de permettre la légalisation d'abominations.

La construction de mythes - La bible recommande de ne pas enseigner une autre doctrine et de ne pas s'attacher aux fables (« *muthois* ») et aux généalogies (« *genealogiais* ») sans fin lesquelles naissent des discussions plutôt que le plan de *Dieu* dans la foi[13]. Or, l'encouragement de l'homosexualité s'est historiquement renforcé autour de la mythologie grecque particulièrement suscitant à la fois des constructions imaginaires et un mode de vie contre-nature.

Parmi ces illustrations mensongères, *Ganymède*, présenté dans la mythologie grecque comme l'amant de *Zeus*, a donné en français le terme « ganymède » signifiant « homosexuel ». « *Ourania* », appliquée à *Aphrodite*, a donné l'« uranisme », l'homosexualité masculine. La légende grecque de l'« *Hermaphroditos* », au départ

---

[13] - I Timothée, 1er, 3 et 4.

personnage mythique, à la fois homme et femme, fils du dieu *Hermès* et d'*Aphrodite*, a servi de construction mensongère expliquant l'origine d'idoles bisexuelles au point que ce personnage fut statufié dès l'*Antiquité*. Ce sont des exemples parmi d'autres de ce que le mensonge peut être associé à l'idolâtrie.

<u>Le mensonge et le fruit défendu</u> - La parole de *Dieu* est mise de côté par ceux qui veulent croire plus facilement au mensonge. Dans le jardin d'*Eden*, l'action du diable au travers du serpent a produit la contestation de la parole de *Dieu* reçue par *Adam*. Or, contredire cette parole est l'une des réactions principales de nombreux homosexuels.

Puis, goûtant le fruit défendu, la femme a, sous inspiration serpentine, donné le fruit à l'homme qui l'accepta. La porte était alors ouverte pour la compromission tant pour l'homme que pour la femme. Dans le jardin d'*Eden*, l'être humain ne devait pas manger du fruit de l'arbre de la connaissance du bien et du mal. En consommant du fruit de l'arbre proscrit, la femme puis l'homme ont accédé à la connaissance du bien et du mal. Un choix devait donc être réalisé entre les deux. Or, le mal peut consister en la pratique de rapports sexuels illicites. Le mensonge a servi à inoculer au départ le doute pour dévier l'être humain de l'application stricte de la parole de *Dieu*.

<u>Le mensonge et les fausses doctrines justifiant l'homosexualité</u> - Justifier le péché revient à se laisser séduire ou à construire des fausses doctrines. Certains légitiment l'homosexualité sur le fondement de…l'amour. Pourtant, l'amour de *Dieu* consiste à observer les commandements[14] et à marcher selon eux[15]. Or, il s'agit là de l'amour « agape », non de l'amour « eros ». L'amour « agape » passe par l'obéissance à la vérité et le rejet de toute pratique homosexuelle en vue du salut. Parallèlement, il n'empêche nullement la sanction de l'homosexualité à défaut de repentance.

Justifier l'homosexualité en se basant sur la bible est une distorsion du sens des écritures. Il en est ainsi de la croyance fausse selon laquelle *David* et *Yehonatan* fussent homosexuels. Une telle doctrine vient en contradiction avec la condamnation ferme par la *Torah* de l'homosexualité masculine en punissant de mort l'homosexuel dès le XVème siècle avant *Jésus-Christ*, soit bien avant les naissances de *David* et de *Yehonatan*.

Une autre fausse doctrine a consisté, pour quelques rares rabbins, à interpréter *Lévitique* (*Wayiqra*), 18, 22 et 20, 13 comme n'interdisant pas l'homosexualité. Or,

---

[14] - I Jean, 5, 3.
[15] - II Jean, 6.

l'apôtre *Paul*, connu pour sa connaissance de la loi, hébreu parmi les hébreux, a confirmé l'interdiction de relations sexuelles entre hommes contenue dans le *Tanakh* tout en l'étendant explicitement à l'homosexualité féminine[16]. Dans le *Nouveau Testament*, la condamnation de l'homosexualité est incontestable et indépendante du genre.

<u>*Le mensonge et l'apostasie*</u> - Le refus de la vérité biblique implique la soumission à l'esprit de mensonge. Or, la foi dans le mensonge s'apparente à une forme d'apostasie (« *apostasia* » : abandon de la foi) et d'égarement. L'acceptation du mensonge place l'individu sous l'influence d'une domination négative.

Alors qu'il n'était pas encore question d'homosexualité, *Hawah* et *Adam* ont cru au mensonge du diable. La foi au mensonge produit la désobéissance à *Dieu* avec l'acceptation de l'influence du serpent par la consommation d'un aliment spirituellement interdit. En examinant ces points, l'homosexualité se caractérise bibliquement par la foi dans le mensonge, la désobéissance et la pratique homosexuelle renvoyant au choix du mal.

<u>*La négation de la vérité biologique*</u> - L'inclination de l'homosexuel à vouloir nier sa réalité biologique est patente. Selon l'ordre naturel, la rencontre entre le spermatozoïde et l'ovule produit une multiplication cellulaire propice à la constitution d'un être nouveau. Dès l'origine, il a fallu un homme et une femme pour avoir des enfants. Et, même si les scientifiques sont enclins à vouloir répondre favorablement à une demande d'enfants faite par des homosexuels, l'ovule et le spermatozoïde restent nécessaires dans ce contexte. Cela sert à démontrer qu'il est impossible de nier l'impératif d'une association entre ce qui vient d'un homme et ce qui vient d'une femme pour constituer un enfant. Ce que *Dieu* a envisagé naturellement, l'homme cherche à le faire sur la base de constructions propres artificielles.

De facto, les homosexuels se heurtent à une réalité cruciale : l'impossibilité de procréer ensemble. L'engendrement implique une rencontre entre un homme et une femme. Même si des homosexuels rechercheraient par technique scientifique et artifice juridique à être parents, deux homosexuels ne sauraient être conjointement les parents biologiques d'un même enfant. La vérité biologique permet de souligner l'existence d'une construction mensongère.

---

[16] - Romains, 1ᵉʳ, 26.

L'idolâtrie - La relation entre l'idolâtrie et la débauche peut concerner l'homosexualité.

<u>*La relation entre la débauche et l'idolâtrie*</u> - L'examen de la parole de *Dieu* permet de souligner un rapport intrinsèque entre la débauche et l'idolâtrie. La terminologie hébraïque va amplement dans ce sens.

« *Zimah* » est la « méchanceté », le « mauvais projet », le « crime », l'« inceste », l'« adultère », la « prostitution », l'« infamie », l'« idolâtrie »[17]. Il provient du verbe « *zaman* », en l'occurrence « avoir une pensée », « projeter », « considérer », « comploter avec une mauvaise intention ».

Le verbe « *tame'* » signifie « être impur », « devenir impur », « se souiller », « souiller » en matière religieuse, sexuelle et d'idolâtrie. L'impureté sexuelle est souvent liée à l'idolâtrie. Les personnes se souillent par leurs œuvres et se prostituent par leurs actions[18]. Il s'agit de la souillure des idoles[19].

Ce verbe concerne l'idolâtrie et le déshonneur sexuel[20], ce dernier consistant à coucher avec quelqu'un dans les conditions non acceptées par la famille[21]. Si cela peut intéresser deux personnes de sexes distincts, le raisonnement est extensible à l'homosexualité. A ce sujet, l'apôtre *Paul* a parlé des passions du déshonneur[22] renvoyant à ce qui fait honte, altérant la bonne réputation ou les bonnes mœurs.

Par ailleurs, « *tamah* » veut dire « être considéré comme impur »[23] et « être brute »[24] et « *tumah* » renvoie à toutes sortes d'impuretés sexuelles, morales, religieuses ou locales (des nations).

Dans le *Nouveau Testament*, l'idolâtrie dit en grec « *eidololatria* » constitue une œuvre de la chair[25] faisant appel néanmoins à une communion avec des esprits contraires à l'*Esprit de Dieu*. Or, l'homosexualité recouvre clairement ces deux réalités. Le rapport entre l'idolâtrie et la débauche existe *in fine* dans les propos de

---

[17] - Jérémie (*Yirmeyahou*), 13, 27.
[18] - Psaumes (*Sepher Tehillim*), 106, 39.
[19] - Ezéchiel (*Yehezqel*), 5, 11 ; 20, 18, 31 ; 22, 4 ; 23, 7 ; 36, 18 ; 37, 23.
[20] - Ezéchiel (*Yehezqel*), 18, 6, 11, 15 ; 33, 26.
[21] - Genèse (*Berechit*), 34, 5, 13 et 27.
[22] - Romains, 1er, 26.
[23] - Lévitique (*Wayiqra*), 11, 43.
[24] - Job (*Iyov*), 18, 3.
[25] - Galates, 5, 20.

l'apôtre *Paul* sur les homosexuels en ce qu'ils « ont échangé la vérité de *Dieu* contre le mensonge et ont rendu culte à la création au lieu du créateur… »[26].

<u>L'idolâtrie et l'homosexualité</u> - L'association entre l'homosexualité et l'idolâtrie est une révélation expresse contenue dans les écrits de l'apôtre *Paul*. Il déclare qu'ils « ont vénéré et rendu culte à la création au lieu du créateur ». L'inversion de l'ordre naturel se couple avec la mise en avant d'idoles plutôt que de donner la priorité et la gloire au créateur. Alors, la création voudra prendre la place qui doit revenir à *Dieu*.

L'histoire suffit à relever l'origine spirituelle de l'homosexualité.

Dans un cadre non biblique, l'uranisme vient de « *Ourania* », attachée à *Aphrodite*, trouvée dans la mythologie grecque. Dans la *Grèce* antique, l'institution de la pédérastie s'est faite sous l'égide d'un sacrifice d'un bœuf en l'honneur de *Zeus*, à savoir à un dieu étranger. Dès le XVIème siècle, *Jean BODIN* associait la pédérastie à la sodomie et à la sorcellerie, l'estimant être une « invention diabolique » dans un écrit intitulé « La démonomanie des sorciers » sorti en 1580.

Dans le cadre biblique, le rituel donné à *Ba'al* et à *Astarté* (*Ashtarot* en hébreu) permettait d'associer ces pratiques à l'idolâtrie. Sous le règne de *Roboam*, fils de *Shelomoh* et de *Naama*, l'ammonite, *Yehudah* fit ce qui est mal aux yeux de *YHWH*, ce qui en provoqua la jalousie[27]. Alors, ils bâtirent pour eux des hauts lieux, des pierres levées et des « *asherim* » (poteaux sacrés) sur toute colline élevée et sous tout arbre verdoyant[28].

Des « prostitués sacrés » (« *qadesh* ») furent dans tout le pays, agissant selon toutes les abominations des nations que *YHWH* avaient dépossédées de devant les fils d'*Israël*[29]. « *Qadesh* » est l'« homme prostitué », l'« homme qui se prostitue »[30]. Selon la loi de *Mosheh*, il ne devait y avoir aucune « prostituée sacrée » (« *qedeshah* ») parmi les filles d'*Israël* et aucun « prostitué sacré » parmi les fils d'*Israël*[31]. La « *qedeshah* », pendant féminin du « *qadesh* », est la « femme du temple qui se prostituait », la « prostituée », la « fille de joie »[32]. Certaines traductions

---

[26] - Romains, 1er, 25.
[27] - I Rois (*Melakhim*), 14, 22.
[28] - I Rois (*Melakhim*), 14, 23.
[29] - I Rois (*Melakhim*), 14, 24.
[30] - Deutéronome (*Devarim*), 23, 18 ; I Rois (*Melakhim*), 14, 24 ; 15, 12 ; 22, 47 ; II Rois (*Melakhim*), 23, 7 ; Job (*Iyov*), 36, 14 à propos de la mort comme sanction de la débauche avec une perte de vie dans la jeunesse.
[31] - Deutéronome (*Devarim*), 23, 18.
[32] - Genèse (*Berechit*), 38, 21 et 22 ; Deutéronome (*Devarim*), 23, 18 ; Osée (*Hoseah*), 4, 14.

parlent de « prostitué sacré » ou de « prostituée sacrée » pour témoigner de l'origine idolâtre de certaines pratiques.

Le masculin « *qadesh* » et le féminin « *qedeshah* » viennent du verbe « *qadash* ». Certes, ce verbe renvoie à la consécration à *Dieu* pour partie (« consacrer », « sanctifier », « préparer », « dédier », « être sanctifié », « être saint », « être séparé », « être mis à part », « être consacré », « consacré », « dédié », « se mettre à part », « se consacrer », « se séparer »). Mais, il touche également à l'« interdit », à ce qui est « dédié », à « dévouer » pour la réalisation d'actes abominables. Le terme lui-même renvoie à une consécration dans un sens ou un autre.

La référence à toutes les abominations des nations (« *kol hatoavot hagoyim* ») insère toutes les pratiques sexuelles perverties. La référence aux poteaux sacrés (« *qadesh* ») est transcrite en grec par le vocable « *sundesmos* » signifiant littéralement les « liens », « ce qui est relié ensemble ». Dans la structure de cet ultime mot, « *desmon* » est une « bande », un « lien », des « chaines », la « prison », les « prisonniers », le « lié », l'« enchaîné ». Le verbe « *deo* » veut dire « lier », « attacher », « attacher avec des chaînes », « mettre aux fers ». En clair, l'abomination s'inscrit dans une logique d'emprisonnement ou d'esclavage.

La transcription latine de « *qadesh* » est « *effeminati* » dont il est question à propos des efféminés qui n'hériteront pas du *Royaume des cieux*, à moins de se repentir[33].

Si l'idolâtrie n'est pas propre aux homosexuels, celle manifestée envers le « conjoint » homosexuel peut tirer sa source de blessures ou de peurs. Par déception sentimentale, il arrive qu'un individu fasse le choix de se tourner vers des personnes de sexe identique pour s'adonner aux rapports sexuels uni-genre. Ce transfert va susciter l'idolâtrie et le rejet de l'attirance pour le sexe opposé.

Toujours dans la dimension spirituelle, les anges n'ayant pas gardé leurs charges, mais ont quitté leurs demeures pour le jugement du grand jour, sont tenus en réserve dans les liens éternels, sous les ténèbres[34]. Cela est déclaré en étroite relation avec la prostitution sodomique ayant lieu à *Sedom* et à *Amorah*[35]. Certains anges sont des esprits participant aux ténèbres. Or, des esprits peuvent susciter des pratiques sexuelles contre-nature, ce qui accrédite la thèse selon laquelle l'homosexualité procède d'inspirations spirituelles négatives.

---

[33] - I Corinthiens, 6, 9.
[34] - Jude, 6.
[35] - Jude, 7.

La sanction de mort contenue dans la bible - La sentence de mort est explicite dans l'*Ancien Testament* et dans le *Nouveau Testament*.

<u>*La sentence de mort*</u> - Dès le départ, le créateur avait formellement interdit à l'être humain de consommer le fruit de l'arbre de la connaissance du bien et du mal sous peine de mourir[36]. La convoitise suscitée fait pénétrer dans le cœur le désir de pécher. Le fruit présenté semblait bon, appétissant[37]. Y goûter était l'expression du fait de succomber à la tentation alors que la résistance était de rigueur. Une force d'attraction s'opère et entraine une amorce pour faire tomber l'individu tenté dans le péché.

En mangeant du fruit de l'arbre de la connaissance du bien et du mal, l'être humain allait connaitre le bien et le mal avec une exigence d'effectuer un choix. La pratique de l'homosexualité s'inscrit dans le mal et s'apparente spirituellement à la consommation d'aliments interdits. La sentence de mort concerne explicitement l'homosexualité masculine dans le *Tanakh*[38] et l'homosexualité féminine et masculine dans le *Nouveau Testament*[39].

L'apôtre *Paul* a clairement énoncé que les connaisseurs de la « prescription de *Dieu* » (« *dikaïoma tou theoû* ») qui sont les auteurs de telles choses sont « dignes de mort » (« *axioi thanatou* »), ainsi que les approbateurs des commettants[40]. Une large sanction touche le connaisseur-auteur et le connaisseur-approbateur, peu importe le type d'homosexualité en cause. Cela inclut les homosexuels, les promoteurs de l'homosexualité *via* une approbation technique (scientifique ou juridique), religieuse, familiale, politique, éducative, doctrinale, philosophique, artistique, le spectateur approbateur, les complices...

En la circonstance, le verbe « *suneudokeô* » signifie « être d'accord avec », « consentir à », « partager le même point de vue ». Ainsi, toute personne qui, d'une façon ou d'une autre, donne son consentement en faveur de l'homosexualité risque de subir une sanction optimale, à moins de se repentir. La mort dont il est question est, au-delà de la mort physique, la mort spirituelle. L'apôtre *Paul* a parlé de

---

[36] - Genèse (*Berechit*), 2, 17.
[37] - Genèse (*Berechit*), 3, 6.
[38] - Lévitique (*Wayiqra*), 20, 13.
[39] - Romains, 1er, 26, 27 et 32.
[40] - Romains, 1er, 32.

l'intelligence déréglée des homosexuels conduisant à faire ce qui n'est pas convenable[41].

Outre l'inconvenance bibliquement affirmée, l'homosexuel refusant la parole de *Dieu* a tendance à stigmatiser ceux qui pensent différemment que lui. Cette stigmatisation est liée au malaise qu'il peut avoir à cause du regard des autres, du sentiment de rejet vis-à-vis de lui-même ou de l'autre. Celui qui se sent rejeter rejettera à son tour (contre-rejet).

Il convient aussi de remarquer que le péché de l'être humain a produit notamment le rejet du jardin d'*Eden*. Si la honte et la culpabilité peuvent procéder du péché, le rejet ressenti par l'homosexuel peut être inhérent à celui causé par la commission du péché. C'est tout le sens des propos de l'apôtre *Paul* disant que les homosexuels reçoivent « en eux-mêmes » (« *èn èautoîs* ») en retour, le salaire (« *antimisthia* ») de leur égarement (« *planes* »)[42]. L'homosexualité a donc une conséquence intérieure et touche négativement le cœur.

Enfin, au sujet de la mort éternelle (seconde mort), à défaut de « *metanoïa* », l'accès au *Royaume des cieux* est exclu pour les efféminés et les homosexuels[43].

<u>*L'appréciation divine in concreto*</u> - Qu'elle soit masculine ou féminine, pratiquée individuellement ou collectivement, passivement ou activement, dans un cadre légiféré ou non, l'homosexualité conduit à la mort d'après la bible.

Mais, qu'en est-il d'une personne ne souhaitant pas se soumettre à ces pratiques et contrainte par viol, adulte ou jeune ? Le violeur dévoilé encourt une condamnation pénale et risque, à défaut de conversion, la mort spirituelle et la mort éternelle. C'est un acteur volontaire, initiateur, manifestement en pleine possession de ses moyens, sauf à considérer une altération dans ses facultés mentales.

De son côté, la victime, par définition non consentante, subit un abus sexuel. Dans ces conditions, chez les juifs se référant à la *Torah*, la personne violée ne pouvait être mise à mort. Sous la contrainte, elle n'avait pas l'intention de participer à l'acte sexuel. Par contre, l'acte volontaire conduisait à la mise à mort.

---

[41] - Romains, 1er, 28.
[42] - Romains, 1er, 27.
[43] - I Corinthiens, 6, 9 ; I Timothée, 1er, 10.

Dans le cadre biblique, l'homosexualité non voulue implique-t-elle un acte de repentance ? Certains estiment que l'individu contraint à l'acte sexuel interdit ne saurait être sanctionné pour cela. En effet, *Dieu* regarde au cœur, non aux apparences. D'autres indiquent que la bible requiert la repentance pour les actes intentionnels comme pour les non intentionnels. Du coup, l'homosexualité involontaire doit être confessée même s'il n'y a pas eu le désir chez la victime de commettre l'acte homosexuel. On verra plus en avant comment guérir des blessures inhérentes à cette situation chez la personne violée dans le cadre homosexuel.

De plus, de même que la femme adultère aurait mérité selon la loi de *Mosheh* la peine de mort et qu'elle fut graciée à la condition de ne plus pécher[44], de même que l'homosexuel méritant la mort selon les propos de l'apôtre *Paul* pourrait bénéficier d'une grâce similaire s'il se repent sincèrement.

3°/ Les significations de l'expression « *Dieu les a livré* »

Le fait de livrer une personne renvoie à une perspective d'emprisonnement ou d'esclavage. L'individu livré à la captivité n'est plus libre de ses faits et gestes et se trouve sous une domination oppressante.

Or, l'apôtre *Paul* a employé à trois reprises l'expression « a livré » (« *paradoken* »)[45]. « *Paradoken* » est un aoriste du verbe « *paradidomi* » signifiant « mettre entre les mains de », « livrer à quelqu'un une chose à garder », « utiliser », « prendre soin de », « administrer ». Le verbe « livrer » peut être utilisé dans plusieurs contextes : « livrer pour être détenu, jugé, condamné, puni, châtié, tourmenté, torturé, mis à mort », « livrer quelqu'un par trahison » ou « livrer quelqu'un pour être enseigné ».

Le fait de livrer peut répondre à des fonctions distinctes et résulter de modalités différentes. Fonctionnellement, il s'agit de donner une leçon, de condamner le péché, de tourmenter le pécheur, d'être détenu (fait de se sentir prisonnier ou esclave), d'être jugé (fait d'avoir honte, de se sentir stigmatisé...), de subir la mort spirituelle et éternelle.

Le recours au verbe « *paradidomi* » a concerné une autre forme de trouble sexuel, en l'occurrence l'inceste. Un homme se vantant d'avoir la femme de son père a été « livré » à *Satan* pour l'anéantissement de la chair afin que l'esprit soit sauvé au jour

---
[44] - Jean, 8, 1er et s.
[45] - Romains, 1er, 24, 26 et 28.

du *Seigneur*[46]. A ce propos, certaines versions ont employé le verbe « *paradounaï* ». Livrer quelqu'un dans ce contexte revient à répondre aux mêmes finalités que la croix, en l'occurrence passer du charnel au spirituel[47].

La structure du mot « *paradidomi* » comporte « *didomi* » signifiant notamment « donner ce qui est dû », « donner ce qui est obligatoire », « payer un salaire ». En somme, l'individu paie pour ce qu'il a fait. Il reçoit une rétribution pour ses actions et récolte ce qu'il a semé. En clair, il s'agit de la mise en œuvre de la loi spirituelle de la semence et de la récolte. En effet, l'apôtre *Paul* a indiqué aux *Galates* de ne pas se tromper car *Dieu* ne se laisse pas moquer. Ce qu'un humain sème, c'est ce qu'il récolte[48]. Celui qui sème pour la chair, de la chair moissonnera la corruption et celui qui sème pour l'*Esprit* moissonnera la vie éternelle[49].

De surcroît, en disant que *Dieu* a livré les homosexuels, l'apôtre *Paul* fait une relation entre un état intérieur et le fait d'être situé dans un esclavage spirituel. En conséquence, l'homosexualité conduit à un triple emprisonnement en raison des convoitises des cœurs, des passions du déshonneur et d'une intelligence déréglée.

La convoitise des cœurs - L'homosexualité affecte l'être intérieur *via* les convoitises du cœur (« *èpithumiais tôn kardiôn* »)[50]. Le terme « *epithumia* » est un « désir », une « avidité », une « convoitise », un « désir pour ce qui est interdit », une « luxure ». L'acception évoque une inclination du cœur vers le péché. En effet, chacun est tenté ou éprouvé par sa propre convoitise, étant entrainé et appâté et ensuite, la convoitise ayant conçu enfante le péché, et le péché mené à son terme engendre la mort[51].

En ce sens, l'homosexuel agit selon une dynamique similaire. Ce qui sort du cœur souille l'être humain[52]. Dans le cœur, se trouvent les contestations (« *dialogismoi* »), l'homosexualité développant une opposition spirituelle au plein effet de la parole de *Dieu* dans la vie des concernés. Le terme renvoie aux logiques de fonctionnement, y compris contre-nature.

---

[46] - I Corinthiens, 5, 1er à 5.
[47] - Galates, 5, 24.
[48] - Galates, 6, 7.
[49] - Galates, 6, 8.
[50] - Romains, 1er, 24.
[51] - Jacques, 1er, 14 et 15.
[52] - Marc, 7, 20.

Parmi les choses mauvaises dans le cœur et sortant « de l'intérieur » (« *esothen* »)[53], les inconduites (« *porneiai* ») concernent les comportements sexuels déviés.

Les adultères (« *moikheiai* ») intéressent les relations illicites inscrites dans la tromperie, dans la débauche associée au mensonge et dans des pratiques d'idolâtrie en sacrifiant des choses consacrées aux idoles. « *Moikhos* » est l'« adultère », l'« infidèle envers *Dieu* », l'« impie ».

L'adultère vise à convoiter une personne déjà mariée ou, pour une personne mariée, à convoiter une autre. La commission de l'acte n'est pas obligatoire à la détermination de l'existence de l'adultère. Un simple désir suffit à une telle qualification. Quand l'adultère s'effectue dans le cadre homosexuel, la forfaiture est double.

La convoitise existe également quand deux personnes homosexuelles s'adonnent à un acte proscrit bibliquement. Elle se singularise par un désir de la chair, inimitié contre *Dieu*. L'homosexualité est par nature un adultère spirituel.

De son côté, le terme « *aselgeia* » touche au dérèglement à savoir, entre autres, ce qui peut être contre-nature. C'est une « luxure sans bride », un « excès », le « libertinage », l'« impudence », l'« insolence », les « mœurs licencieuses », la « dissolution », la « débauche », la « grossièreté ». Il renvoie à une forme de sensualité susceptible de s'appliquer notamment à l'homosexuel. « *Aselges* » est ce qui est « brutal », « licencieux », « vulgaire ».

Il y a aussi l'orgueil (« *uperephania* ») dans le sens où il s'agit littéralement d'une manifestation de supériorité avec une « fierté », une « hauteur », une « insolence », un « mépris », une « arrogance ». Par exemple, elle caractérise l'attitude de certaines personnes satisfaites d'avoir obtenu un droit légalement même si ce « droit » s'oppose à la vérité biblique et, qu'au regard de *Dieu*, il n'en est pas un.

La déraison réside dans le fait d'avoir perdu le bon sens. « *Aphrosune* » est la « sottise », la « folie », l'« insensé », l'« insouciance », la « témérité ». Cette forme de dérèglement spirituel fait que l'individu n'est pas conscient de ce qu'il fait et qu'au surplus, il persiste dans une voie licencieuse. Le vocable grec vient de « *aphron* », celui qui est « sans raison », « insensé », « irréfléchi », « téméraire ». Il y a là un manque de sagesse et une persistance dans des voies anormales. L'« *aphron* » est privé de « *phren* », à savoir la « faculté de perception et de jugement » permettant

---
[53] - Marc, 7, 20 à 22.

de réfréner, de brider, de se contenir, de bloquer (« *phrasso* »), ce qui s'applique aux passions, aux convoitises…

En somme, il y a émotionnellement un manque de maitrise de soi. La convoitise vise à rechercher et à obtenir ce qui n'est pas à soi, ce à quoi une personne n'a pas droit, ce qui s'applique tant aux biens qu'aux personnes. C'est la volonté d'acquérir une chose dont on n'est pas propriétaire, détenteur légitime ou d'avoir des relations sexuelles proscrites bibliquement.

Chez les homosexuels, la convoitise les amène à « déshonorer leurs propres corps » (« *atimadzesthai ta somata auton èn autoîs* »). Or, la bible déclare : « Fuyez la débauche. Tout autre péché que fait un homme est en-dehors de son corps. Celui qui se débauche pèche contre son propre corps »[54]. En se débauchant, l'homosexuel pèche contre lui-même, la réponse donnée par la bible étant de fuir le péché.

Les passions du déshonneur - Après avoir parlé de livrer les homosexuels aux convoitises de leurs cœurs, la parole de *Dieu* indique que *Dieu* les a livrés aux « passions du déshonneur » (« *pathe atimias* »)[55]. Pour l'apôtre *Paul*, l'homosexualité est un déshonneur du fait de la contravention à l'ordre spirituel et biologique.

« *Atimia* » est le « déshonneur », l'« ignominie », la « disgrâce ». Si une atteinte à la réputation peut découler d'une insulte, d'une volonté d'humilier, elle peut aussi provenir du péché. Si le déshonneur résulte de l'homosexualité, la honte procédera du péché qu'il conviendra de confesser et d'arrêter. La honte est l'association de la tristesse avec la crainte (par exemple de ce que pense une personne). La parole de *Dieu* a le pouvoir de délivrer une personne de la honte et de la culpabilité liées à l'homosexualité.

La honte peut être associée également à la mauvaise appréciation de son propre corps. Il arrive qu'une personne soit homosexuelle simplement parce qu'elle ne s'aime pas. Le manque d'amour pour soi-même peut émaner d'une déception sentimentale, d'humiliations parentales, de vexations… Dans certaines circonstances, cet état peut provoquer l'orientation d'une personne hétérosexuelle vers l'homosexualité. Un changement d'orientation sexuelle pour adopter l'homosexualité peut s'expliquer en partie par la mésestime de soi, le rejet par l'autre et un désir de compensation face à la difficulté d'affronter ses blessures intérieures.

---

[54] - I Corinthiens, 6, 18.
[55] - Romains, 1er, 26.

L'intelligence déréglée - L'apôtre *Paul* indique que les homosexuels, pour n'avoir pas souci de posséder la vraie connaissance de *Dieu*, ce dernier les a livré à une « intelligence déréglée » (« *adokimon noûn* ») pour faire des choses qui ne sont pas convenables[56]. Pratiquer ce qui est contre-nature, inverser les raisonnements, ne pas respecter ne serait-ce que les lois de la nature sont les aspects d'un tel dérèglement.

Déjà, nombreux sont les homosexuels qui ne font pas cas de la parole de *Dieu*. Ne s'en souciant pas, cela ne les intéresse pas ou ils veulent s'accrocher aux interprétations bibliques insidieuses. Alors, ils ne vont pas chercher à connaître *Dieu*. Il est vrai que l'entame de la relation avec le créateur passe par la confession des péchés. Pourtant, la vie éternelle consiste à connaître *Dieu* et celui qu'il a envoyé, à savoir *Jésus-Christ*[57].

En refusant la connaissance de *Dieu*, une confusion spirituelle vient s'installer, accompagnée d'une incrédulité face à la parole de *Dieu*. Elle se développe par la distorsion du sens des écritures et par l'établissement de fausses doctrines dont le but est de justifier le péché plutôt que de les confesser et les délaisser.

Dans ces conditions, le détournement de la parole de *Dieu* produit un dérèglement spirituel chez l'homosexuel. Voulant persister dans cet état, il va estimer le bien mal et le mal bien. Une distorsion et une inversion des repères sont ainsi en perspective. Il arrive même que certaines personnes ne soient pas conscientes que l'homosexualité est un péché et qu'elles n'en aient point honte. Pensant vivre une forme de libération, elles chercheront à expérimenter une liberté charnelle, expression de l'apostasie.

L'intelligence déréglée renvoie au discernement altéré. La confusion génère deux choses : des difficultés à distinguer entre le bien et le mal et une inversion dans la perception du bien et du mal. Cela est tel que des spécialistes ont pu constater de forts troubles de la personnalité chez les homosexuels. C'est l'une des conséquences de l'intelligence déréglée et des blessures de l'âme observées à leur niveau.

Y-a-il une possibilité de délivrance après une triple « livraison » divine ? - A propos des homosexuels, il est dit à trois reprises que « *Dieu les a livré* ». Cette parole forte interpelle et laisse présager une sentence irrémédiable et une ruine éternelle et définitive. Néanmoins, la dualité de la parole permet d'ouvrir aussi une perspective de salut pour ceux des concernés saisissant l'opportunité de se repentir.

---

[56] - Romains, 1er, 28.
[57] - Jean 17, 3.

Déjà, en dehors contexte de l'homosexualité, une femme nommée *Anne* dût affronter un cumul d'oppositions dont le fait d'avoir été rendue stérile par *Dieu*. Mais, l'intéressée n'a pas regardé à ce que l'*Eternel* l'eût rendue stérile. Malgré les mortifications de son adversaire *Peninna*, l'incompréhension de son époux *Elkana* et l'humiliation du sacrificateur *Eli*, elle n'hésita pas à intercéder pour solliciter l'inflexion de celui qui l'avait rendue stérile. En somme, ce n'est pas parce que la providence l'avait défavorisée qu'elle devait s'abattre. Au contraire, elle resta en prière et dans la foi pour obtenir sa bénédiction.

L'application de cette logique rapportée à l'homosexualité fait que l'homosexuel acceptant de s'ouvrir à l'*Evangile* devra intercéder avec foi en vue d'obtenir sa délivrance. Le péché d'homosexualité et les états d'âme subséquents ne sont point des péchés irrémissibles contrairement au blasphème contre le *Saint-Esprit*. Tout est donc possible à celui qui croit et tout est possible à *Dieu*.

Prendre la direction de la repentance suppose de surmonter des modes de pensées fatalistes, des idéologies anti-bibliques et de se maintenir dans la foi. La guérison et la délivrance de l'homosexuel sont spirituelles, psychiques et biologiques.

B – Les dérèglements inhérents aux diverses formes d'homosexualité

Si l'intelligence de l'homosexuel est déréglée selon l'apôtre *Paul*, le psychisme est altéré et la conduite invertie. Ce constat concerne l'homosexualité masculine et celle féminine (1). De son côté, la bissexualité engendre une orientation sexuelle double, hétérosexuelle et homosexuelle (2). Par ailleurs, certaines personnes refusent leur identité biologique sexuelle (3).

1°/ La distinction entre l'homosexualité masculine et l'homosexualité féminine

La notion de « prostitution » intéresse toute relation sexuelle illicite et se réfère aussi aux actes d'idolâtrie. L'homosexualité est la forme de sexualité dans laquelle le désir sexuel ou le sentiment amoureux se porte sur une personne du même sexe. Elle peut être masculine (pédérastie, uranisme...) ou féminine (lesbianisme, saphisme...).

La « porneia » et l'homosexualité - La « *porneia* » est la « débauche », l'« impudicité », l'« union illégale », l'« adultère »... et intègre l'homosexualité. Cela est vrai même si, dans un même verset, on peut trouver « *pornos* » et « *arsenokoïtes* » (homosexuels)[58]. Une citation distincte de ces deux termes s'explique par le fait que si l'homosexuel est bibliquement un débauché, en revanche le débauché n'est pas forcément homosexuel. La débauche peut exister même dans le cadre de rapports hétérosexuels.

En grec, l'homme qui se prostitue est « *pornos* ». S'il s'agit de l'homme prostituant son corps en le louant à une autre pour le désir charnel, c'est le « fornicateur », l'« homme qui se livre aux rapports sexuels illicites ». La sanction du « *pornos* » est identique à celle de l'homosexuel. Les rapports sexuels interdits concernent les rapports hétérosexuels illicites et les relations homosexuelles[59]. Bibliquement, si certaines relations hétérosexuelles sont illicites (absence de mariage ou en dehors du mariage, pratiques contre-nature même dans le cadre conjugal hétérosexuel…), tous les rapports homosexuels sont anti-bibliques.

Le pendant féminin de « *pornos* » est « *porne* ». C'est la « femme qui vend son corps pour des usages sexuels », la « prostituée qui s'adonne à la souillure pour l'amour du gain », la « femme se livrant aux rapports illicites » pour un gain ou par désir charnel et, par métaphore, l'« idolâtre »[60]. Elle évoque la prostituée spirituelle, la prostituée physique hétérosexuelle ou homosexuelle.

L'homosexualité masculine - Plusieurs vocables intéressent l'homosexualité masculine. Parmi eux, il y a la pédérastie et l'uranisme.

<u>*La pédérastie*</u> - En grec, « *paiderastês* », littéralement « amant des enfants », est un terme structuré autour de deux mots.

D'une part, « *país* » ou « *paidos* » est l'« enfant ». Généralement, il concerne tant le garçon que la fille, voire le bébé. Mais, dans le cadre de la pédérastie, il concerne l'enfant de sexe masculin en relation avec un homme adulte. En la matière, le besoin d'instruction était comblé par des apprentissages singuliers, cherchant à normaliser l'anormalité. Ainsi, avec l'enseignement de l'enfant et la pratique de l'homosexualité, l'éducation allait au-delà de ce qui est nécessaire puisque la pédophilie était également institutionnalisée.

---

[58] - I Corinthiens, 6, 9 ; I Timothée, 1er, 10.
[59] - I Corinthiens, 5, 9 et 10 ; 6, 9; Ephésiens, 5, 5; I Timothée, 1er, 10 ; Hébreux, 12, 16 ; 13, 4 ; Apocalypse, 21, 8 ; 22, 15.
[60] - Matthieu, 21, 31 et 32 ; Luc, 15, 30 ; I Corinthiens, 6, 15 et 16 ; Hébreux, 11, 31 ; Jacques, 2, 25 ; Apocalypse, 17, 1er, 5, 15, 16 ; 19, 2.

D'autre part, l'« *erastês* » est l'« amant », l'« amoureux ». « *Erastês* » provient de « *eros* », amour physique, pulsionnel susceptible d'être dévié et de dévier de la volonté divine. « *Eros* » renvoie à une sexualité débridée et même à la divinité grecque de l'amour qui n'a cependant rien à voir avec l'amour venant de *Dieu*. Le cadre de l'homosexualité met en relief une conception particulière de l'amour. De plus, « *eros* » est l'amour égoïste, cherchant à prendre en vue d'assouvir un besoin personnel sans souci de l'autre.

La pédérastie est une institution éducative grecque bâtie autour d'une relation homosexuelle entre un homme adulte et un garçon plus jeune. Dans la *Grèce* classique, un personnage important, citoyen influent dans la vie sociale et politique de sa cité, le plus souvent marié et père de famille, jouissait d'une certaine fortune. L'*éraste* était un homme adulte engagé dans un couple pédérastique avec un adolescent appelé son *éromène* et âgé entre 12 et 18 ans. Il participait activement à quatre péchés sexuels : l'adultère, l'homosexualité, la pédophilie et la bissexualité.

L'adulte devait assumer la charge onéreuse d'une relation pédérastique sachant qu'il y avait une période de probation que clôturaient les réjouissances. Un banquet et des cadeaux prescrits comportaient un bœuf pour sacrifier à *Zeus*, un équipement militaire pour signifier que l'*éromène* était désormais un guerrier pouvant défendre sa cité et une coupe pour indiquer que ce dernier pouvait désormais partager les banquets des hommes. En somme, l'homosexualité et les sacrifices idolâtres s'associaient aux convoitises mondaines (esprit du monde).

L'*éromène* était le jeune garçon qui, sortant du quartier des femmes (gynécée), va fréquenter la palestre d'où il recevait une éducation intellectuelle et physique. En somme, il existait une forme d'homosexualité sociale, aristocratique et institutionnalisée.

De nos jours, la pédérastie se définit comme le sentiment ou le comportement homosexuel d'un homme à l'égard d'un adolescent, d'un très jeune homme. Associant l'homosexualité et pédophilie, un amour malsain est porté vers les enfants qui, normalement, ne sont pas en âge d'avoir des relations sexuelles. Non seulement des relations sexuelles avec des mineurs tombent dans les sociétés modernes sous le coup de la loi pénale au titre de la protection des mineurs mais, au surplus, la bible relève l'intérêt de ne pas réveiller l'amour avant qu'il ne veuille[61].

---

[61] - Cantique des Cantiques (*Shir Hashirim*), 2, 7 ; 3, 5 ; 8, 4.

Or, le verbe hébreu « *'uwr* » est « réveiller », « se réveiller », « éveiller », « s'éveiller », « remuer », « inciter », « exciter », « être excité ». Il concerne le fait de vouloir exciter. La racine primaire « *'uwr* » signifie « exposer », « être dénudé », « être mis à nu ». Or, parmi les relations sexuelles prématurées, les rapports pédophiles sont l'une des expressions du réveil de l'amour avant le temps. Cette prématurité s'accompagne de rapports contre-nature, c'est-à-dire inversés.

De surcroît, il ne faut pas non plus oublier qu'un enfant est plus vulnérable qu'un adulte. C'est pourquoi, dans les sociétés actuelles, l'individu recherchant des relations homosexuelles ou hétérosexuelles avec des jeunes enfants s'apparente à un « prédateur ». De plus, la considération de la fragilité de l'enfant face aux manipulations de certains adultes existe dans certaines législations sur la pédophilie.

Enfin, selon une terminologie moderne, la pédérastie concerne toute sorte homosexualité masculine. Si le pédéraste est l'homosexuel éprouvant des désirs pour de très jeunes gens ou adolescents ou ayant des rapports sexuels avec eux, il désigne aussi tout homosexuel masculin.

L'uranisme - Le terme « uranisme » se définit comme l'homosexualité masculine. Mais, il est intéressant de voir que l'origine de ce mot est empreinte de la mythologie grecque.

Pour comprendre cette forme d'expression de l'homosexualité, il faut savoir que ce vocable provient d'« *Ourania* », dite la « *Céleste* », appellation appliquée à *Aphrodite* présentée chez les grecs comme la déesse de l'amour, de la sexualité et de la beauté. Dans le cadre du système religieux grec, elle s'associait à la séduction et aux plaisirs. Par la construction d'une fausse déesse, s'était développée chez certains une pensée favorable aux rencontres et ententes sexuelles.

Ce positionnement mythologique est forcément contraire à la parole de *Dieu* car il n'implique pas un strict cadre conjugal hétérosexuel. De surcroît, la déviance a été si importante que l'inspiration mythologique a conduit à développer un vocabulaire propice à l'homosexualité.

Au surplus, l'amour dont il est question dans la mythologie et présenté comme éthéré vise en fait à inscrire les êtres humains dans la débauche lorsqu'ils mettaient leur foi dans ces fables (« *muthos* ») ou légendes invraisemblables.

On a ici une autre illustration de ce que, dès les temps anciens, l'homosexualité masculine a pour origine l'idolâtrie et le mensonge. De plus, une association est faite entre l'idolâtrie et la débauche comme en atteste l'histoire encore plus ancienne du *Veau d'or* dans le cadre biblique.

L'homosexualité féminine - L'homosexualité féminine se dit notamment lesbianisme, saphisme.

<u>Le lesbianisme</u> - Le « lesbien » est historiquement l'originaire de *Lesbos*, île grecque de la mer *Egée*. Il s'agit de l'habitant de cette île ainsi qu'un dialecte grec antique parlé et appartenant au groupe éolien. C'est en lesbien que la poétesse *Sapho* écrivit ses poèmes. *Sapho* tenait à *Lesbos* un collège de jeunes filles et adressait ses poèmes passionnés à ses amies.

<u>Le saphisme</u> - L'association de *Lesbos* avec *Sapho* a généré une connexion entre le lesbianisme et le saphisme. Les deux termes sont synonymes. La lesbienne, celle qui était au départ l'habitant de *Lesbos*, est devenue par extension la femme homosexuelle. La légende grecque avait attribué à *Sapho* des mœurs homosexuelles, ce qui n'est pas partagé par tous.

2°/ La problématique de la bissexualité

Si la bissexualité implique l'homosexualité, l'hermaphrodisme conduit parfois à la bissexualité.

La problématique générale relative à la bissexualité - La bissexualité consiste à éprouver une attirance sexuelle ou amoureuse pour des personnes appartenant aux genres masculin et féminin. Les relations sentimentales, amoureuses ou sexuelles sont entretenues avec des personnes de même sexe et d'autres de sexe opposé.

<u>Une pratique sexuelle duale et à multiple partenaires</u> - Les personnes bisexuelles sont à la fois hétérosexuelles et homosexuelles. « *Heteros* » renvoie à l'autre alors que « *homos* » à ce qui est semblable. En conséquence, la pratique de la bissexualité implique une multiplication de partenaires tandis que, bibliquement, est exigée une exclusivité réciproque entre l'homme et la femme dans le cadre conjugal. Par ailleurs, la bissexualité se traduit par l'acceptation de l'homosexualité à côté de l'hétérosexualité chez un individu.

Son développement suppose l'entretien simultané ou alternatif de rapports amoureux, sentimentaux ou sexuels avec des individus de même sexe et de sexe opposé. A titre illustratif, l'*éraste* était, dans la *Grèce* ancienne, un homme qui, marié à sa femme, avait pourtant des relations homosexuelles avec un jeune homme ou un enfant.

Une pratique et un état intérieur - La bissexualité n'est pas uniquement une question pratique. Si elle touche aux rapports sexuels, elle concerne aussi l'âme dans toutes ses dimensions avec les pensées (fantasmes, constructions rationnelles), la volonté et les sentiments (passions, convoitises, sentiments, émotions, affect…). L'âme est affectée par le ressenti de l'attraction physique, romantique ou amoureuse pour les personnes des deux sexes.

La notion de bissexualité intègre le cumul de deux types de relations sexuelles (hétérosexuelles et homosexuelles) ainsi que la pensée, la passion, le désir, la convoitise, l'émotion, l'affection, le sentiment faisant qu'une personne veuille s'adonner aux relations avec une double orientation. Il y a la conjugaison d'une attirance et/ou une pratique sexuelle avec un individu de sexe différent et d'une attirance et/ou une pratique sexuelle avec un individu de même sexe.

Psychiquement, la bissexualité s'exprime par l'existence de fantasmes sexuels, des désirs et des sentiments orientés à la fois vers l'hétérosexualité et l'homosexualité. Les pratiques bisexuelles constituent des transgressions à l'ordre divin manifestées dans divers milieux (érotisme, pornographie…).

La condamnation biblique de la bissexualité - Parce que la bible requiert un lien de conjugalité exclusif et hétérosexuel, une telle relation exclut l'homosexualité, les relations multiples, l'adultère, la pédophilie. Parce que l'homosexualité et que la multiplicité de partenaires sexuels sont prohibées, la bissexualité l'est également. En effet, elle cumule à la base ces deux formes de sexualité.

L'hermaphrodisme - En créant l'être humain, l'*Eternel* le créa mâle et femelle[62], établissant deux genres distincts. L'existence de deux sexes dissemblables chez un même individu a d'abord tiré sa source dans l'idolâtrie et dans la mythologie. En effet, le philosophe *Platon* et certains hérésiarques ont inventé un être humain mythique à la fois homme et femme. D'ailleurs, l'hérésiarque, littéralement « chef d'une hérésie », est « celui qui formule une hérésie et fonde une secte en recrutant des adeptes ».

---

[62] - Genèse (*Berechit*), 1er, 27.

Outre le mythe, donc un mensonge visant à poser l'existence de l'inexistant, l'« *hermaphroditos* » avait chez les romains une représentation érotique. Au mensonge, s'ajoutent la sensualité et l'idolâtrie.

Au-delà de l'aspect mythique et de l'esprit de séduction, l'apôtre *Paul* a indiqué une chose intéressante. A la vanité, la création a été soumise, non de son gré, mais à cause du soumettant, avec espérance[63]. La *Traduction Œcuménique de la Bible* déclare que « la création est tombée sous le pouvoir de forces qui ne mènent à rien, non parce qu'elle l'a voulu elle-même, mais parce que *Dieu* l'y a mise… ». Or, le fait que la création soit tombée sous le pouvoir de forces qui ne mènent à rien n'explique-t-il pas en partie la réalité de l'hermaphrodisme actuellement ?

Le terme « hermaphrodite » a plusieurs synonymes. L'« androgyne » définit la détenteur de deux organes sexuels. Il est simultanément homme (« *aner* », « *andros* ») et femme (« *gunê* »). L'« amphigame » possède deux sexes. « *Amphi* » renvoie aux deux côtés et « *gamos* » au mariage. Cette terminologie peut renvoyer à une alliance sexuelle avec des personnes de deux sexes.

Du coup, l'hermaphrodite évoque l'être humain présentant des caractéristiques anatomiques apparentes à la fois masculines et féminines. La juxtaposition de deux organes reproducteurs est rarissime chez l'être humain. L'ambiguïté sexuelle fait que la personne ne se sent ni homme, ni femme ou qu'elle se considère bi-genre. L'individu naît avec un micro-pénis et avec un vagin.

Alors, se pose la question de son identité sexuelle. Ayant la carrure d'un homme, il aura des attitudes caractéristiques d'une femme. De plus, le trouble dans l'identité sexuelle peut avoir des incidences sur l'orientation sexuelle.

En raison de l'ambivalence sexuelle, les personnes sont troublées. Alors, certaines se sont adonnées aux relations sexuelles avec des hommes et avec des femmes faisant le choix d'une sexualité mixte. Parfois, certains hermaphrodites décident de faire le choix d'une seule orientation sexuelle bien déterminée.

Pourtant, le cadre du développement des relations sexuelles est bien balisé par la parole de *Dieu*. Elle n'admet aucune une mixité dans les rapports sexuels et n'encourage nullement les relations sexuelles hors mariage hétérosexuel. La première

---

[63] - Romains, 8, 20.

démarche que devra faire une telle personne si elle vient à *Christ* sera de se mettre devant la face de *Dieu* afin de recevoir de lui les directives.

3°/ La situation des transgenres

Certaines personnes transgenres refusent leur identité sexuelle partiellement ou totalement. Elles s'identifient, au moins partiellement, au sexe opposé à son sexe de naissance en en adoptant le mode de vie. Le malaise dans l'identité sexuelle existe chez un individu qui, présentant les aspects physiques d'un homme, va se considérer pourtant comme une femme. A l'inverse, un individu ayant les caractéristiques physiques d'une femme va s'estimer pourtant homme.

Dans les deux cas, l'identité biologique ne coïncide pas avec l'identité psychique. L'âme de l'individu va comporter des messages contraires à la vérité biologique. En somme, il y a un brouillage psychique et spirituel. Le mensonge consiste à rejeter la réalité biologique de naissance. Alors que la distinction de genre est bibliquement établie, la confusion de genre va concerner particulièrement les travestis ou les transsexuels.

Le travesti - Le travesti est l'homme adoptant des comportements et des tenues vestimentaires associés au sexe opposé. L'individu décide d'avoir les caractéristiques différentes de son sexe en recherchant une apparence féminine exagérée. L'identité sexuelle est altérée. Il s'agit des « *drag queen* » (DRAG « *dressed as a girl* » étant « habillé comme une fille »), désignant péjorativement les « *gays* ».

Le transsexuel - Le transsexuel est la personne s'estimant née du mauvais côté. L'homme voudrait être femme et la femme voudrait être homme. Alors, se développe le sentiment pernicieux d'être né dans un corps de naissance et ce, depuis l'enfance, et de vouloir un autre corps. Une telle situation n'est pas sans générer un conflit intérieur et un mal-être profond. L'individu ne se reconnaît pas dans le sexe qui est le sien.

Alors, il va rejeter son sexe anatomique correspondant pourtant à la vérité biologique pour adopter volontairement une identité psychique différente. Méprisant son propre corps, il va se mentir à lui-même et mentir par rapport à ce qu'il est réellement. Etymologiquement, le transsexuel suppose le passage d'un genre à l'autre, ce qui produit un trouble évident.

S'il y a pour certains un refus de modification des organes sexuels, d'autres n'hésitent pas à franchir le pas. L'individu voudra faire réaliser sur son corps des modifications esthétiques, voire la construction d'un nouvel appareil génital. Le malaise se caractérise par la volonté de changer son propre corps parce que l'intéressé ne l'accepte pas. Le transsexuel déconsidère tellement sa personne qu'il ne voudra plus se voir tel qu'il est réellement. En l'occurrence, il a le déni de lui-même.

A l'évidence, les troubles procèdent souvent de blessures intérieures car de telles personnes ne s'aiment pas. Chez les transsexuels, le désamour vis-à-vis de soi procède du rejet de son anatomie. Se rejetant tels qu'ils sont, ils ne vont pas se considérer comme des créatures merveilleuses.

Dans ces conditions, les deux premiers commandements sont violés. En transgressant la parole de *Dieu*, les transsexuels montrent qu'ils n'aiment pas *Dieu* d'où la transgression du premier commandement déclarant : « Tu aimeras *YHWH*, ton *Dieu*, avec tout ton cœur, avec tout ton être et avec toute ta force ». Au surplus, ils montrent qu'ils ne s'aiment pas, violant le second commandement disant : « Tu aimeras ton prochain comme toi-même ». Or, s'ils ne s'aiment pas, comment pourraient-ils aimer les autres comme l'exige la bible ?

Les contestataires des genres - Une dernière catégorie de personnes transgenres nient la binarité masculin-féminin et développent des thèses de contestation des genres. Le refus de la vérité biologique et de la parole de *Dieu* s'apparente bibliquement à un esprit d'erreur attaché au mensonge.

§ 2 – Les particularités au niveau des pratiques sexuelles

Les homosexuels ont des pratiques sexuelles qualifiées par l'apôtre *Paul* de contre-nature (A). La notion d'homosexuel est à définir (B).

A – Les pratiques homosexuelles

Parmi les pratiques sexuelles inhérentes à l'homosexualité, il y a la sodomie (1) et le tribadisme (2).

1°/ La sodomie

La sodomie est une pratique sexuelle non respectueuse de certaines fonctions du corps humain.

La notion de la sodomie - Loin de s'insérer dans une relation sexuelle sanctifiée, la sodomie transgresse la parole de *Dieu* en raison des rapports contre-nature. En effet, l'*Eternel* promeut un usage naturel des organes du corps.

En principe, l'homosexualité et l'hétérosexualité sont antinomiques. L'homosexuel va rechercher le plaisir en dehors des voies normales. La sodomie s'inscrit dans ce processus. Lévitique, 18, 22 a été légitimement interprété comme se référant à la sodomie quand il est dit que l'homme ne doit pas s'allonger comme s'allonge une femme. Le terme « sodomie » provient de la ville de *Palestine Sodome* évoquée bibliquement pour avoir été détruite par le feu divin pour punir un vice de ses habitants s'y adonnant. L'existence d'un tel rapport sexuel est certaine en matière d'homosexualité masculine et de zoophilie, mais peut parfois concerner certains rapports hétérosexuels conjugaux ou extraconjugaux. Ce sont des pratiques par nature anti-bibliques car toute relation contre-nature ne respecte pas l'ordre de *Dieu*. En somme, la sodomie est sanctionnée indépendamment de la nature de la relation sexuelle (homosexuelle ou hétérosexuelle).

Par ailleurs, la sodomie se définit comme l'homosexualité masculine, synonyme de pédérastie et d'uranisme. L'acte sodomique sert à déterminer une orientation sexuelle particulière. Qu'il s'agisse de l'homosexualité ou de la zoophilie, cette déviance sexuelle fait que le sentiment amoureux ou le désir est orienté là où il ne devrait pas. A ce titre, le sodomite réalise des œuvres de la chair.

Les pratiques homosexuelles et zoophiliques renvoient à l'action de « sodomiser », à la réalisation d'un coït anal. Par essence, le sodomite pratique la sodomie de manière introductive ou réceptive. C'est un synonyme d'homosexuel. Le bardache, homme-femme chez les amérindiens, est l'homosexuel passif subissant la relation sexuelle.

La sanction de Sodome - Si certains ont affirmé que l'histoire de *Sedom* et d'*Amorah* ne s'apparenterait pas à une sanction de l'homosexualité en faisant une interprétation particulière de *Jude*, 7, mettant en relief des relations contre-nature (sodomie) avec une « chair différente », en réalité il n'en est rien.

En effet, la notion de « chair différente » peut renvoyer à une autre personne. Par ailleurs, l'apôtre *Pierre* a été clair dans ses propos : « En effet, si *Dieu* n'a pas épargné des anges ayant péché, mais les a livré (« *parédoken* ») aux chaînes de ténèbres précipitant dans le *Tartare* (« *tartaros* ») pour le jugement gardant en réserve ; et l'ancien monde il n'a pas épargné, mais le huitième *Noah* en héraut de justice il préserva lorsqu'il amena le déluge sur un monde d'impies, et les villes de *Sedom* et *Amorah* ayant réduit en cendres, au bouleversement (« *katastrophe* ») il a condamné, un exemple des faits à venir aux impies ayant présenté »[64]. En somme, la condamnation apparaît comme une catastrophe.

De plus, au regard de cet extrait, le « *tartaros* » renvoie aux abimes de l'*Hadès*. Il est considéré par les grecs anciens comme la demeure des morts méchants où ils souffrent le châtiment pour leurs mauvais actes. C'est le lieu du châtiment des coupables et renvoie à la *Géhenne*, lieu de mort éternelle.

Dans cette histoire, des individus avaient manifesté le désir de connaitre sexuellement les hommes entrés chez *Lot*[65].

Sedom, dont le sens est « qui brûle » et *Amorah* signifiant « submersion », ville voisine, ont subi toutes les deux le jugement de *Dieu* par le feu. L'*Eternel* fit pleuvoir du ciel du soufre et du feu[66] au point qu'il y eût une fumée s'élevant de la terre « comme une fumée d'une fournaise » (ou fourneau) (« *kivshan* »)[67]. Cette destruction, manifestation de la colère et de la fureur de *Dieu*[68], a fait que ces villes ont été citées en exemple[69]. D'ailleurs, elles ont été réduites en cendres (« *tefrosas* »), condamnées au bouleversement (« *katastrofê* ») à titre d'exemple pour les impies à venir alors que le juste *Lot* était accablé par ceux qui étaient sans règles (« *àthesmon* ») dans la débauche (« *aselgeia* »)[70]. En raison de ce qu'il voyait et entendait, « en habitant au milieu d'eux » (« *ègkatoikôn èn autoîs* »), son âme juste était torturée jour après jour[71].

Le *Nouveau Testament* donne une indication importante sur la nature du péché. La condamnation était liée à une prostitution, « étant allé après une chair différente » (« *sarkos ètéras* ») et les concernés gisent en exemple subissant la peine du feu éternel[72]. La « chair différente » renvoie aux « êtres d'une autre nature » selon la

---

[64] - II Pierre, 2, 4 à 6.
[65] - Genèse (*Berechit*), 19, 1er et s.
[66] - Genèse (*Berechit*), 19, 24.
[67] - Genèse (*Berechit*), 19, 28.
[68] - Deutéronome (*Devarim*), 29, 23.
[69] - Jérémie (*Yirmeyahou*), 49, 18 ; 50, 40 ; Matthieu, 10, 15 ; 11, 23 et 24 ; Luc, 17, 29 ; II Pierre, 2, 6.
[70] - II Pierre, 2, 6 et 7.
[71] - II Pierre, 2, 8.
[72] - Jude, 7.

Traduction Œcuménique de la Bible, la *Traduction en français courant* se référant à des « relations contre nature ».

Or, la notion d'« êtres d'une autre nature » donne l'impression qu'il ne s'agirait pas d'homosexualité en raison de la différence de nature. Mais, ce n'est pas ce qu'a transcrit le texte originel. Celui-ci parle de « chair différente », notion qui pourrait s'apparenter à un animal (de nature différente) et à un autre individu (de même nature). Par exemple, dans le cadre du mariage, le mari et son épouse forment une seule chair[73]. Alors, une « chair différente » peut bien renvoyer simplement à une autre personne de même nature, c'est-à-dire de nature humaine.

Si la notion de « chair différente » concerne une autre personne, il s'agirait clairement de « relations contre nature » évoquées par l'apôtre *Paul* dans le *Nouveau Testament*. En clair, la notion de « relations contre nature » dans la *TOB* comparée avec celle de « chair différente » renverrait à la zoophilie, à l'homosexualité voire à la sodomie dans le cadre hétérosexuel.

Le non-respect des fonctions du corps - La condamnation de certaines pratiques sexuelles procède du non-respect des fonctions du corps, à l'instar de l'homosexualité masculine ou féminine[74]. D'autres pratiques sexuelles visent à détourner certains membres du corps de leurs fonctions naturelles[75]. En somme, le péché va consister à ne pas respecter l'affectation naturelle des organes du corps.

L'homosexualité masculine promeut la pénétration anale par un sexe masculin, faisant de l'anus un instrument sexuel. *Primo*, l'anus est fait pour déféquer à savoir permettre la sortie de matières fécales. D'ailleurs, étymologiquement, le verbe vient du latin « *defecare* » signifiant « purifier ». Ce qui n'est pas bon est éliminé et doit sortir du corps. *Deuzio*, le sperme a été naturellement programmé en matière de relations entre l'homme et la femme en vue de la procréation.

Le don sexuel doit s'effectuer dans le cadre biblique. La parole de *Dieu* déclare que le mari (« *anèr* ») doit rendre à la femme (« *gunaïka* ») le dû et pareillement la femme au mari[76]. Bibliquement, le don sexuel réciproque concerne uniquement le mari et la femme, la femme ne disposant de son corps mais son mari et le mari ne

---

[73] - Genèse (*Berechit*), 2, 24.
[74] - Qu'elle soit masculine ou féminine, l'homosexualité est condamnée dans Romains, 1er, 26 et 27.
[75] - Romains, 12, 4.
[76] - I Corinthiens, 7, 3.

disposant de son corps, mais l'épouse[77]. Le principe veut que l'homme et la femme n'aient pas à se priver mutuellement sauf les cas limitativement encadrés par la bible[78]. En revanche, la bible requiert de s'abstenir de la débauche, ce qui incorpore toute sorte de sodomie (homosexuelle, zoophile ou hétérosexuel dans un cadre conjugal ou extraconjugal).

2°/ Les pratiques sexuelles liées à l'homosexualité féminine

Les pratiques homosexuelles féminines donnent lieu à des comportements contre-nature. A cet effet, sera évoqué le tribadisme.

Les limites apportées aux relations sexuelles purement féminines - L'*Eternel* a doté la femme d'un organe sexuel totalement différent de celui de l'homme. C'est en quelque sorte un jardin à entretenir, à cultiver par l'époux. Or, dans le cadre des relations homosexuelles, ce jardin ne peut l'être. Dans le domaine agricole, cultiver la terre implique de la fouiller, d'y mettre la semence sachant que le fait d'arroser permet le développement d'un arbre correspondant à la semence fournie.

Naturellement, cette « culture » vise chez la femme à établir un « fruit des entrailles » impossible à manifester dans le cadre de l'homosexualité. Dans ces conditions, aucune semence ne peut s'incorporer dans le sein de la femme. Le saphisme rend naturellement impossible une relation sexuelle avec une pénétration potentiellement procréative.

Alors, le développement de relations homosexuelles féminines repose sur des artifices sans être propre à l'homosexualité féminine. Par exemple, la pratique du cunnilingus contrevient à la parole de *Dieu* à cause du non-respect des fonctions naturelles des membres du corps. La bouche a été faite pour parler, manger et le sexe de la femme pour permettre des relations sexuelles avec un homme. De surcroît, l'usage d'objets pour opérer une pénétration est une perversion et s'apparente à une atteinte à la pudeur.

Le tribadisme - Par définition, le tribadisme renvoie à la relation sexuelle lesbienne impliquant le frottement de la vulve et du clitoris pour obtenir du plaisir ou de l'orgasme. Ce qui est contre-nature se caractérise par le frottement contre une autre partie du corps (cuisse, sein…). Cette pratique existe depuis l'*Antiquité*.

---

[77] - I Corinthiens, 7, 4.
[78] - I Corinthiens, 7, 5.

Le terme « tribade » vient du latin « *tribas* », « frotteuse » ou de « *tribadis* ». L'origine plus ancienne est grecque avec « *tribein* » signifiant « frotter », « user par frottement », « communiquer par frottement ou par contact », de « triturer », de « broyer ». La « tribade » est l'homosexuelle et « tribader » consiste à pratiquer des actes homosexuels concernant les femmes. Il s'agit d'utiliser les membres du corps dans des conditions non naturelles.

B – La notion d'homosexuel

L'absence du mot « homosexuel » dans l'*Ancien Testament* n'exclut pas l'évocation de rapports homosexuels masculins (1). Dans le *Nouveau Testament*, les pratiques homosexuelles masculines et féminines et le terme « homosexuel » apparaissent (2).

1°/ La terminologie de l'*Ancien Testament*

Le *Tanakh* cite explicitement des situations liées à l'homosexualité. Particulièrement, deux versets ont pour points communs les rapports homosexuels masculins, l'assimilation de ces pratiques aux coucheries de femme et à une abomination.

Le rapport sexuel entre deux personnes de sexe masculin - De manière explicite, deux versets de l'*Ancien Testament* évoquent l'homosexualité masculine. Selon l'un « Avec un mâle, tu ne coucheras pas des coucheries de femme, une abomination cela » (« *Veet zakar lo tishkab mishkebei ishah to'evah hiv* »)[79]. Le verset revient à considérer que l'homme ne doit pas s'allonger comme s'allonge une femme. Selon la traduction du rabbinat français, sous la direction de *Zadoc Kahn*, il est dit : « Ne cohabite point avec un mâle, d'une cohabitation sexuelle, c'est une abomination ».

Selon l'autre, avec une incidence punitive, « Un homme qui se couchera avec un mâle des coucheries d'une femme, une abomination ils ont faite eux deux. Mourir, ils seront mis à mort, leurs sangs sur eux » (« *Veish asher yishkab et zakar mishkebei ishah to'evah hasu shne'hem mot yumatu d'mehem bam* »)[80]. Selon la traduction du rabbinat français, « Si un individu cohabite avec un mâle, d'une cohabitation sexuelle, c'est une abomination qu'ils ont commise tous les deux ; qu'ils soient punis de mort, leur supplice est mérité ».

---

[79] - Lévitique (*Wayiqra*), 18, 22.
[80] - Lévitique (*Wayiqra*), 20, 13.

Les deux versets précités concernent l'homosexualité masculine. Dans le premier, le terme « *zakar* » est l'« homme de sexe masculin », le « mâle ». Dans le second, les références à « *ish* » puis à « *zakar* » évoquent l'« homme au masculin », le « mâle ».

Le fait de « (se) coucher des coucheries d'une femme » - Ces deux versets parlent de « (se) coucher des coucheries de femme ». « Coucheries », en hébreu « *mishkevei* », est le fait d'avoir une relation sexuelle dans un aspect possessif ou/et péjoratif.

« *Mishkevei* » vient de « *mishkab* », la « couche », la « civière, l'« action de s'étendre », le « lit », la « chambre à coucher », le fait de « s'étendre en vue d'une relation sexuelle ». En dehors des versets analysés, « *shakab* » signifie notamment « se coucher », « être couché », « se coucher en vue de relations sexuelles », « être couché avec » (sexuellement), « se coucher » (dans la mort), « se reposer » et « se relâcher » (au sens figuré).

Un retour aux deux versets étudiés montre que « *mishkab* » touche au partage de son lit avec quelqu'un. Le fait pour un homme de coucher avec un autre des « coucheries de femme » consiste à développer des rapports sexuels contre-nature. D'après la *Torah*, un homme de sexe masculin ne devait pas coucher avec un autre de même sexe comme on couche avec une femme. En somme, les homosexualités masculines passive et active sont clairement proscrites.

Lévitique (*Wayiqra*), 18, 22 fait référence explicitement à « *tishkat* ». Les verbes « *yishkab* » et « *shakab* » sont employés diversement pour toute forme de repos[81] et pour tout rapport au sexe[82]. Lévitique (*Wayiqra*), 18, 22 s'applique à la sodomie.

L'homosexualité masculine perçue comme une « to'evah » - Dans le *Tanakh*, deux versets sur l'homosexualité masculine font de cette pratique une « *to'evah* ». Le *Talmud* définit « *to'evah* » comme une « chose répugnante », une « déviance ». Les exégètes en font une « chose dégoutante », une « abomination », une « chose abominable ». Spirituellement, il s'agit de la « nourriture impure », des « idoles » et des « mariages étrangers ». Moralement, il s'agit de la « méchanceté », de la « perversion », de la « corruption », du « manque de loyauté », d'une « injustice ».

---

[81] - Genèse (*Berechit*), 19, 4 (« *yishkab* ») ; 28, 11 (« *yishkab* ») ; 47, 30 (« *shakab* ») ; Exode (*Shemot*), 22, 26 (« *yishkab* ») ; Lévitique (*Wayiqra*), 14, 47 (« *shakab* »).
[82] - Genèse (*Berechit*), 19, 34 (« *shakab* ») ; 26, 10 (« *shakab* ») ; 30, 15 et 16 (« *yishkab* ») ; 34, 2 (« *yishkab* ») ; 35, 22 (« *yishkab* ») ; 39, 7 (« *shakab* ») ; Exode (*Shemot*), 22, 15 (« *shakab* »).

« *To'evah* » vient de « *ta'ab* », c'est-à-dire « abhorrer », « être abominable », « détester », « considérer comme une abomination », « être la cause d'une abomination ». Il y a là une idée de répulsion. De son côté, le verbe « *ta'ah* » signifie « errer », « s'égarer », « chanceler », « être rendu errant », « être mis dans l'égarement ». Il y a dans « *to'evah* » l'idée de se détourner du chemin.

Concernant l'homosexualité, l'idolâtrie, les mariages abominables, la « *to'evah* » recouvre les pratiques idolâtres religieuses liées à la prostitution cultuelle et aux rapports sexuels avec des gens de même sexe. Ainsi, la *Torah* fait de l'homosexualité masculine un interdit sexuel car elle consisterait, à travers la sodomie, à féminiser un partenaire passif en l'assimilant à une femme. Dans le cadre de Lévitique (*Wayiqra*), 20, 13, l'homosexualité passive et l'homosexualité active sont présentées comme une abomination passible de la peine capitale.

La prohibition explicite de l'homosexualité masculine par le *Tanakh* contraste avec son silence sur l'homosexualité féminine. Mais, dans le *Nouveau Testament*, l'apôtre *Paul* a considéré les deux formes d'homosexualité comme une violation de la parole de *Dieu*.

2°/ La notion contenue dans le *Nouveau Testament*

Dans le *Nouveau Testament*, deux termes recouvrent des réalités proches : « *arsenokoïtes* » et « *malakos* ».

« **Arsenokoïtes** » - « *Arsenokoïtes* » est « celui qui se lie à un homme comme une femme », un « sodomite », un « homosexuel ». Le vocable grec se structure autour de deux mots. *Primo*, « *arrhen* » est le « mâle », l'« homme ». *Deuzio*, « *koite* » est « l'endroit pour se reposer », « l'endroit pour dormir en dedans », le « lit », le « divan », le « lit conjugal », le « lit de l'adultère », une « cohabitation légale », une « cohabitation illégale », les « rapports sexuels ». C'est le lit où dorment les enfants[83], le fait de concevoir un enfant ou la couche nuptiale[84], la luxure (les coucheries : « *koïtais* »)[85] intégrant l'homosexualité et le lit conjugal devant être exempt de souillure[86].

---

[83] - Luc, 11, 7.
[84] - Romains, 9, 10.
[85] - Romains, 13, 13.
[86] - Hébreux, 13, 4.

Parfois traduit par « infâmes », le vocable « *arsenokoïtes* » renvoie plus précisément aux homosexuels. Sauf repentance, ces personnes n'hériteront pas du *Royaume des cieux*[87] et ont des comportements contraires à la saine doctrine[88].

« *Malakos* » - « *Malakos* » est « ce qui est précieux en matière d'habits » (habits raffinés, vêtements délicats)[89], l'« efféminé », le « garçon gardé pour avoir des relations homosexuelles avec un homme », l'« homme qui soumet son corps à l'obscénité contre-nature d'un prostitué mâle ». En somme, l'efféminé n'héritera pas du *Royaume des cieux*[90]. Au plan notionnel et en renvoi au sort final, une association est réalisée entre l'efféminé et l'homosexuel.

Section II – Les dérives anti-bibliques observables

Les dérives anti-bibliques constatées intéressent l'être intérieur (§ 1) et sont institutionnalisées dans certaines nations (§ 2).

§ 1 – Les déviances intérieures

En parlant de la chute de *Yerushalayim* et de *Yehudah*, il y avait un crime comparable à ce qui s'était produit à *Sedom*, ce qui a entraîné le malheur de l'être « car ils ont parachevé pour eux un malheur » (« *ra'ah* »)[91]. Il existe donc une malédiction inhérente aux pratiques homosexuelles. Corruption de l'âme (A), cette dernière s'associe à la réalisation d'œuvres contre-nature (B).

A – La corruption de l'âme

En hébreu, « *nephesh* » intéresse l'être ou l'âme. L'homosexualité relève plusieurs dimensions de la corruption de l'âme ou de l'être (1). Elle s'exprime physiquement par des rapports contre-nature (2).

1°/ Les aspects de la corruption de l'âme

---

[87] - I Corinthiens, 6, 9.
[88] - I Timothée, 1er, 10.
[89] - Matthieu, 11, 8 ; Luc, 7, 25.
[90] - I Corinthiens, 6, 9.
[91] - Esaïe (*Yeshayahou*), 3, 9.

La parole de *Dieu* s'intéresse aux pratiques homosexuelles et à tout ce qui les encourage. La corruption de chaque composante de l'instance psychique, à savoir les pensées, la volonté et les sentiments conduit progressivement à la déstructuration de l'être entier.

L'action de l'homosexualité sur la pensée humaine - La pensée homosexuelle et les constructions justifiant l'homosexualité font tomber dans le piège de l'égarement.

<u>*La notion de « fantasme »*</u> - Par le renouvellement de l'intelligence et le renversement de toute hauteur et de toute pensée pour les rendre captives à l'obéissance de *Christ*, le *Seigneur* amène les pensées sous le contrôle de la parole de *Dieu*. En la matière, cette dernière lutte contre une forme d'errance. Par contre, une personne non régénérée risque d'être déréglée au niveau de la pensée et de l'intelligence.

L'« *anakaïno* » et l'autorité prise pour rendre captives à l'obéissance de *Christ* toute forteresse de raisonnement et toute hauteur s'élevant contre la connaissance de *Dieu* ont un fort intérêt dans le domaine sexuel. Ce qui vient d'être dit n'est pas propre à l'homosexuel. Le contrôle des pensées doit concerner tout individu. Aussi, parmi les pensées sexuelles, les fantasmes qui ne sont pas propres aux homosexuels les concernent néanmoins. Le fantasme s'inscrit dans un processus de divagation des pensées traduisant une errance psychique et spirituelle orientée vers des pensées homosexuelles, bisexuelles ou adultères. En somme, il traduit une orientation particulière du désir.

La notion de fantasme, du grec « *phantasmas* » signifiant « apparition », d'où « fantôme », renvoie à la vision d'une chose, d'une personne, d'une situation manifestée à cause d'un désir charnel. Le fantasme est une pensée charnelle reposant sur une construction mensongère. En clair, la personne se fait un film selon l'expression consacrée. Singularisé par des rêveries, des songes, des chimères, des imaginations évasives, le fantasme est un système mensonger de pensées propice aux exutoires pour fuir une réalité ou compenser par rapport à une frustration. Dès lors, la guérison de l'âme par rapport aux frustrations apparaît comme la solution la plus appropriée. La pensée fantasmagorique relève du mensonge et du transfert existant lorsqu'une personne n'affronte pas la réalité de son cœur. Elle est l'expression d'un désir et d'un sentiment particuliers.

<u>*Les constructions de la pensée*</u> - Abordant dans l'épitre aux *Romains* la problématique de l'homosexualité, l'apôtre *Paul* a considéré préalablement qu'« elle se révèle en effet la colère (« *orgé* ») de *Dieu* du ciel contre toute impiété et injustice

des humains entretenant la vérité captive à l'injustice »[92]. L'impiété exprime l'absence de communion avec *Dieu* et la malfaisance puisqu'*a contrario*, la piété constitue la communion avec *Dieu* et la bienfaisance. L'injustice se singularise par l'absence de droiture, d'équité, d'intégrité et renvoie au monde de l'iniquité.

Dans le cadre de l'homosexualité, la destruction des pensées s'élevant contre la connaissance de *Dieu* a pour but le retour à l'ordre naturel des choses dont l'essence est spirituelle. Observant la nature, l'apôtre *Paul* déclare que, depuis la création du monde, les choses invisibles, l'éternelle puissance et la divinité sont comprises et deviennent visibles par ses œuvres, faisant qu'ils sont inexcusables[93]. L'ordre de la création enseigne sur *Dieu* et sur les modes de fonctionnement naturels rendant inexcusables l'impiété et l'injustice.

Le terme « inexcusables » (« *anapologétous* ») ne signifie pas une impossibilité complète de se repentir. L'apôtre *Paul* démontre plutôt un contresens évident. Selon lui, qui ne respecte pas l'ordre divin se fourvoie dans les faux raisonnements, l'insensé étant enténébré dans son cœur[94]. Or, la nature elle-même est source d'enseignement et le désordre intérieur est un signe de ténèbres.

Chez les homosexuels, les constructions intellectuelles ou de vie et les conceptions de l'organisation familiale et sociale violent la parole de *Dieu*. Par exemple, des personnes homosexuelles veulent vivre librement leur sexualité et vont ainsi raisonner au sujet de l'orientation sexuelle. Par leur raisonnement (« *dialogismos* »), il y a une recherche de justification de l'abomination par des convictions personnelles, scientifiques, doctrinales, juridiques ou philosophiques erronées. Leur mécanisme de pensée est empreint d'un manque de sagesse, la bible se référant au cœur insensé (« *asunetos* ») dans les ténèbres et à la vanité dans les raisonnements. L'altération des pensées se traduit par le fait de se croire sages bien que devenus fous[95].

Ils se sont alors adonnés à l'idolâtrie[96]. Par exemple, lorsque l'homosexualité a pour cause une déception sentimentale, l'individu va se construire une idole compensatrice *via* le partenaire de même sexe. La recherche d'exutoire ne répond nullement à

---

[92] - Romains, 1er, 18.
[93] - Romains, 1er, 20.
[94] - Romains, 1er, 21.
[95] - Romains, 1er, 22.
[96] - Romains, 1er, 23.

l'impératif de guérison d'un cœur blessé à laquelle contribue, en revanche, le pardon des péchés et l'*Esprit* de l'*Eternel*[97].

L'action de l'homosexualité sur la volonté humaine - La volonté comporte le libre arbitre, l'esprit de bonne volonté (motivation) et le désir (l'amour pour une chose, une personne). En matière d'homosexualité, elle est triplement pervertie.

Primo, les « convoitises des cœurs » (« *èpithumiais tôn kardiôn* ») inclinent le cœur vers le péché en raison de pulsions et d'une orientation sexuelle contre-nature. Elles consistent à vouloir acquérir ce qui est interdit ou à goûter au « fruit défendu ». Initié par le regard, comme l'a fait *Hawah*, cela n'est pas exclu en matière d'homosexualité. Par extension, eu égard aux prohibitions contenues dans la parole de *Dieu*, un individu de même sexe apparait sexuellement comme un fruit défendu ?

Deuzio, les « passions du déshonneur » (« *pathé àtimias* ») font que les femmes ont changé le rapport naturel pour ce qui est contre nature, les hommes ayant fait de même de leur côté. Le mot « passion », de « *pathos* », suppose l'existence d'une souffrance et renvoie à une émotion forte avec une emphase déplacée. C'est une émotion incontrôlée. « *Pathos* » est ce qui est éprouvé, l'affect, l'état de l'âme agitée, une envie, une flamme brûlante entre individus de même sexe produisant un sentiment, une émotion impulsant un désir vers l'autre. A son paroxysme, la passion peut susciter la jalousie, même dans le cadre de l'homosexualité.

Tercio, le « désir les uns pour les autres » (« *oréxei autôn eis allélous* ») va produire le péché[98]. Il s'agit d'une interaction, d'un amour ressenti pour une personne, non pas dans un cadre sanctifié, mais avec le souci de coucher avec un être humain de sexe identique.

L'action de l'homosexualité sur les sentiments - Les sentiments renvoient aux ressentis, à l'affect, à l'émotion. La nécessité d'avoir les pensées ou les sentiments en *Christ* implique que les sentiments amoureux homosexuels sont contraires à la parole de *Dieu*. Si l'affection entre deux personnes, indépendamment du sexe, n'est pas en elle-même contestable, elle le devient si elle s'oriente vers un désir sexuel interdit, et notamment contre-nature.

L'action de l'homosexualité en matière de déstructuration de l'être humain - L'être humain est composé d'un esprit, d'une âme et d'un corps.

---

[97] - Esaïe (*Yeshayahou*), 61, 1er.
[98] - Romains, 1er, 27.

D'après les écrits de l'apôtre *Paul*, les homosexuels vivent dans le mensonge et dans l'idolâtrie, ce qui conduit à l'égarement.

La souillure de l'âme se traduit dans les pensées, les convoitises, les passions, les mauvais désirs, les émotions. En plus de la souillure du « *psukhé* », la déstructuration de l'être est l'une des résultantes de l'homosexualité. Elle occasionne une dichotomie entre la réalité biologique et psychique. Alors, le désir dans l'âme ne correspondra pas à la réalité biologique. Des raisons « affectives » peuvent conduire quelqu'un à avoir des relations sexuelles avec une personne de même sexe.

La souillure du corps se caractérise en matière d'homosexualité par le non-respect de l'affectation logique des membres du corps, la bible conférant à chacun des membres des fonctions propres à respecter. De plus, les membres du corps ne doivent pas être employés pour obéir aux convoitises, ni être des armes d'injustice, mais être des armes de justice pour *Dieu*.

Au surplus, la transsexualité témoigne d'un refus de l'âme de reconnaître la réalité biologique de l'individu impliqué. L'opposition entre l'état de l'âme et la réalité du corps crée une dysharmonie interne et structurelle. L'homme ne se reconnaît pas comme tel ou la femme ne se reconnaît pas en tant que telle. Plutôt que de traiter la problématique dans le fond, les revendications d'égalité patrimoniale, parentale entre personnes de même sexe ou en matière de transsexualisme expriment une quête de reconnaissance induisant davantage une nécessité de guérison intérieure plutôt que d'accéder à un « droit » en contravention avec la parole de *Dieu*.

2°/ Les rapports contre-nature

La notion de « naturel rapport » permet d'évoquer les rapports contre-nature.

Le concept de « naturel rapport » - L'ordre naturel s'inscrit dans le respect de l'ordre divin. Quand les choses sont faites selon cet ordre, il y a nécessairement dans le mariage hétérosexuel les conditions de la bénédiction divine. Dans cette bénédiction, il y a une productivité concernant particulièrement le fruit des entrailles. Mais, le mari et la femme ne sont pas uniquement des « producteurs » d'enfants, mais ils les élèvent et de les éduquer. Ainsi, la procréation s'inscrit dans une productivité naturelle répondant à une loi spirituelle divine.

A ce titre, l'apôtre *Paul* parle pour la femme et pour l'homme d'un « naturel rapport », en grec « *fusikèn krêsin* »[99]. Globalement, cette notion consiste à organiser les rapports humains et ceux entre les êtres humains et les animaux selon une orientation et une destination voulues par le créateur. « *Fusikèn krêsin* » s'attache au respect de l'organisation divinement conçue, respectueuse des réalités biologiques.

Ce concept implique des relations sexuelles sanctifiées passant par la relation entre un homme et une femme s'adonnant aux relations sexuelles où chacun donne à l'autre ce qui lui est dû dans le cadre du mariage. Elle exclut toute confusion et collusion sexuelles uni-genres, en l'occurrence les rapports non naturels exprimés en matière d'homosexualité.

Le rapport contre-nature - S'il est intéressant d'examiner le sens du rapport contre-nature, il importe également d'appréhender les conséquences médicales des relations homosexuelles.

<u>*Le rapport contre-nature*</u> - Le rapport contre-nature consiste en une inversion de l'ordre divin. D'ailleurs, l'un des synonymes de l'homosexualité dans le vieux français est l'« inversion ». Si le concept montre que l'hétérosexualité est la règle, ne serait-ce qu'au regard de l'ordre naturel des choses, il dénote que l'homosexualité en prend le sens contraire.

L'« inversion » se réfère à une orientation sexuelle distincte de l'ordre naturel. Il y a un contre-sens à la fois biologique et spirituel. Il se traduit par le non-respect de l'ordre naturel procédant de l'ordre spirituel établi par *Elohim*. Cela atteste d'une direction contrevenant à la vérité biologique. L'« inversion » vient du latin « *invertere* » signifiant « retourner ». En somme, l'usage du corps dans des conditions anormales est un retournement de situation.

Au « *fusikèn krêsin* », s'oppose le « *parà fusin* », le « contre-nature » concernant particulièrement la zoophilie, l'homosexualité et l'acte sodomique hétérosexuel. L'expression « contre-nature » consiste à l'emploi de son corps dans une perspective contraire à la logique originelle.

A *Sedom* et à *Amorah*, la prostitution concernait deux êtres de « chair distincte »[100], relativement aux humains et aux animaux (zoophilie) ou à deux personnes distinctes.

---

[99] - Romains, 1er, 26 et 27.
[100] - Jude, 7.

Ce qui est contre-nature intéresse notamment des individus de même nature (humaine) et de même sexe (homosexualité).

D'après l'apôtre *Paul*, la relation homosexuelle s'inscrit dans des échanges modifiant la nature du rapport sexuel. Les femmes (« *theleiai* ») « ont échangé » (« *metéllaxan* ») le rapport naturel pour ce qui est contre-nature. Ce que l'apôtre dit à propos des femmes, il le dit aussi au sujet des hommes de sexe masculin, des mâles, en grec « *arsenes* ».

Or, l'homosexuel est bibliquement « *arsenokoites* ». Au lieu de prendre position selon l'ordre divin, l'homme délaisse (« *aféntes* ») le « naturel rapport » de la femme. N'étant pas à leur place, les homosexuels vont s'enflammer dans le désir les uns pour les autres, « mâles avec mâles » (« *arsenes èn arsesin* »).

Le non-respect de l'ordre naturel et divin avec le développement des rapports homosexuels relève de l'infamie (« *askhemosunen* ») et un égarement (« *planes* »). D'une part, l'infamie constitue une atteinte à la réputation de quelqu'un produisant déshonneur et honte. La honte existe du fait que le corps ait été déshonoré. D'autre part, l'égarement constitue un profond désordre spirituel altérant le discernement. Il s'agit d'avoir perdu son chemin, d'être trompé, d'être éloigné de la vérité et du bon sens. La relation contre-nature entraine l'égarement.

<u>*Les conséquences physiques et médicales de l'homosexualité*</u> - Selon certaines études scientifiques, l'homosexualité a des conséquences considérables pouvant intégrer la notion de « salaire » évoquée par l'apôtre *Paul*.

Pour toutes les personnes pratiquant le coït anal, indépendamment du cadre (homosexuel ou hétérosexuel), la présence d'hémorroïdes ou d'autres lésions augmenterait les risques de maladies sexuellement transmissibles (gonorrhée, chlamydia, syphilis, herpès…). Au niveau intestinal, cela pourrait être à l'origine de maladies à l'instar des hépatites A, B, C et D, du cytomégalovirus[101]…

De surcroît, les sphincters sont une zone fortement microbienne ce qui soulève les problématiques d'hygiène et de détérioration de cette partie du corps humain. Il est

---

[101] - Virus de grande taille susceptible de produire des infections et dont le caractère pathogène survient surtout chez les patients dont les défenses immunitaires sont affaiblies. Il appartient à la famille de l'herpesvirus qui a la capacité de produire des infections latentes et persistantes (exemple pour les personnes atteintes du sida).

alors possible de constater une déchirure anale, une fissure anale[102], une fistule anale[103], des maladies d'origine bactérienne avec de possibles lésions et une hypersensibilité anale. La pénétration anale a pour effet d'abimer les sphincters car l'anus n'a aucune fonction d'entrée, mais de sortie.

A long terme, il peut être constaté une dilatation de cet organe chez les homosexuels actifs âgés avec une obligation de faire des lavements pour ne pas être en permanence en incontinence anale. Il s'agit d'une émission incontrôlée de matières fécales solides, liquides ou gazeuses de manière transitoire ou durable.

Chez les femmes lesbiennes, l'observation scientifique permet de relever un risque d'altération de la fécondité, des sécrétions vaginales infestées (lésions intra-épithéliales[104], infections vaginales bactériennes, hépatite...) et des inflammations au niveau pelvien (qui appartient ou se rapporte au bassin).

B – L'instauration du mariage homosexuel dans certaines nations

L'instauration du mariage homosexuel est un détournement de la volonté divine (1) et implique l'emploi de procédés transgressant l'ordre divin (2).

1°/ Le détournement de la volonté divine

Le détournement de la volonté divine procède d'alliances accumulatrices de péchés et de l'impossibilité de procréer naturellement dans un cadre homosexuel.

Les alliances entrainant le cumul de péchés - Dans Esaïe (*Yeshayahou*), 30, 1er, il est dit : « Hélas, fils se rebellant, déclaration de *YHWH* pour faire un conseil ne

---

[102] - La fissure anale est une plaie au niveau de l'anus liée à une petite déchirure de la peau de l'anus. Elle peut être associée à une pathologie, voire aux pratiques contre nature. Elle s'accompagne de douleurs, de constipations, de saignements. Il y a une brûlure dans l'émission des selles. Un double constat est effectué. D'une part, la fissure anale peut être produite par la sodomie. D'autre part, la sodomie pratiquée après fissure anale provoque aussi des maux de ventre et des douleurs à l'estomac. Pour en guérir s'il n'est pas trop tard bien sûr, il convient d'arrêter déjà les pratiques sodomiques. S'il est trop tard, il conviendra cependant de les stopper.
[103] - La fistule est la formation anormale d'un orifice ou d'un conduit qui fait communiquer un organe interne avec la surface du corps ou de deux organes entre eux. Si elle peut provenir de raisons médicales, elle peut aussi procéder de pratiques sexuelles contre nature.
[104] - Les cellules épithéliales sont un tissu organique de « revêtement » recouvrant la surface externe ou interne de divers organes. Elles sont présentes au niveau du cœur, du tube digestif...

venant pas de moi et verser une libation sans mon souffle afin d'accumuler péché sur péché ». L'accord encourageant la multiplication des péchés ne vient pas de *Dieu*.

Parmi les mariages anti-bibliques, il y a les mariages adultères, incestueux, polygames ou homosexuels. On a l'illustration du mariage d'*Hérode*, le Tétrarque avec *Hérodiade*, alliance simultanément adultère et incestueuse. *Philippe*, frère d'*Hérode*, avait pour première femme *Hérodiade*. Historiquement, on sait qu'*Hérode* avait répudié sa femme pour se marier avec *Hérodiade* du vivant de *Philippe*. *Hérode*, en se remariant avec elle, commit l'adultère[105]. De ce que *Philippe*, le premier époux d'*Hérodiade*, était frère d'*Hérode*, il y avait aussi inceste. Ce dernier découvrit la nudité du premier en découvrant la nudité de la femme de son frère[106]. Alors, *Jean-Baptiste* annonça à *Hérode* qu'il ne lui était pas permis d'avoir la femme de son frère[107], le réprimandant « au sujet d'*Hérodiade*, la femme de son frère et de tous les méfaits commis »[108].

Cette réprimande n'a pas plu à *Hérodiade* qui, au lieu de se repentir et de renoncer à l'alliance adultérine et incestueuse, saisit l'occasion favorable pour commanditer le meurtre d'un prophète. Sa fille séduisit *Hérode* par une danse et ce dernier lui demanda ce qu'elle voulait. Après avoir consulté sa mère, elle requit la décapitation du prophète, ce qui fut fait[109].

La possibilité de cumul de péchés dans une alliance existe pour les mariages simultanément incestueux et homosexuels ou adultères et homosexuels. Ainsi, certaines législations permettent qu'une personne puisse divorcer et se remarier avec une personne de même sexe (homosexualité et adultère). D'autres permettent qu'une personne puisse se marier avec son oncle ou sa tante (y compris sur la base d'une dispense) et ce, dans le cadre homosexuel (homosexualité et inceste). Or, la bible interdit de découvrir la nudité de la tante, sœur du père ou sœur de la mère ainsi que l'alliance homosexuelle. En clair, deux interdits se retrouvent dans un même mariage.

L'impossibilité de procréer naturellement dans le cadre homosexuel - L'une des raisons principales pour laquelle le mariage homosexuel est anti-biblique tient à l'impossibilité de procréation en cas de relation sexuelle entre deux hommes ou entre deux femmes.

---

[105] - Marc, 10, 11.
[106] - Lévitique (*Wayiqra*), 18, 16.
[107] - Marc, 6, 18.
[108] - Luc, 3, 19.
[109] - Marc, 6, 21 à 28.

C'est à un couple marié hétérosexuel qu'*Elohim* a accordé la bénédiction (« *Vayebarek otam Elohim* ») en leur disant de porter du fruit, de devenir nombreux, d'emplir la terre notamment[110]. C'est bien le mâle (« *zakar* ») et la femelle (« *naqebah* ») qui furent bénis[111] car la condition essentielle de la procréation reste la rencontre entre un homme et une femme. Il ne s'agit pas d'une simple rencontre entre le spermatozoïde et l'ovule, mais avant tout d'une relation d'amour.

Or, la bénédiction a notamment une visée procréative *via* la capacité d'avoir des enfants. L'accroissement et la propagation de l'humanité sur toute la terre n'a pu s'effectuer que par le truchement de relations sexuelles entre l'homme et la femme. En ce sens, dans la perspective divine, *Elohim* n'a point béni un mariage homosexuel parce que deux personnes de même sexe ne peuvent procréer à cause d'une improductivité naturelle inhérente à l'homosexualité.

L'hétérosexualité apparaît comme une condition incontournable de la bénédiction nuptiale. Biologiquement, le développement de la vie passe par la relation de base entre un homme et une femme au moyen d'un processus multicellulaire. Un enfant ne saurait naître d'un rapport homosexuel même s'il existe une volonté anti-biblique d'organiser des familles en dehors du cadre divin.

2°/ L'usage de techniques législatives

Dans de nombreux pays, les mariages reconnus sont les mariages civils. Leur organisation répond, dans la plupart des *Etats*, aux règles définies le plus souvent selon le principe de laïcité. L'*Etat* fixe les règles du mariage et cette normativité laisse une importante place à la laïcité. Dans ces conditions, le mariage officiel produisant des droits et obligations est présenté comme celui respectant les règles définies par l'*Etat*. Mais, ce dernier ne se soucie pas de ce qu'elles puissent contrevenir à la parole de *Dieu*, à l'instar de l'adoption homoparentale, des divorces prononcés et non légitimés par une cause tirée de la « *porneia* » ou de l'établissement du mariage homosexuel.

Constatons en effet, que la parole de *Dieu* n'a jamais évoqué ni légitimé les constructions homoparentales, ni admis le divorce, sauf limitativement en cas de « *porneia* », la faculté de divorcer pour n'importe quel motif n'étant que l'apanage de la loi de *Mosheh* sur laquelle *Christ* est revenu. De plus, *Elohim* est initiateur du

---

[110] - Genèse (*Berechit*), 1er, 28.
[111] - Genèse (*Berechit*), 1er, 27 et 28.

mariage et l'a construit autour de l'homme en lui donnant une femme. L'emploi de techniques législatives pour inscrire des individus dans un mariage homosexuel ou dans une filiation homoparentale transgresse la parole de *Dieu*.

La mise à l'écart de *Dieu* dans bon nombre de mariages a pour effet d'exclure toute priorité ecclésiale en autorisant, le cas échéant, une place seconde à *Dieu*. Si dans certains pays la cérémonie religieuse est exclusive, dans d'autres la cérémonie civile précède la cérémonie religieuse considérée alors comme facultative.

La « laïcisation » du mariage a permis l'ouverture progressive de brèches à l'instar des facilitations données au divorce ou de l'admission d'unions civiles voire du mariage homosexuel dans certains pays. Dans ces derniers cas, l'union civile et le mariage homosexuel relèvent de la « *porneia* ». Le mariage homosexuel légal au sens de la loi des hommes contrevient à la parole de *Dieu*. En effet, les homosexuels non repentants encourent l'exclusion du *Royaume des cieux*. Selon l'apôtre *Paul*, ceux qui approuvent les commettants à l'instar des officiants, des organisateurs de mariages homosexuels voire même les parents ayant donné leur approbation pour un tel mariage, sont dignes de mort[112].

Cette parole biblique tranche avec l'évolution historique du mariage vers l'homosexualité montrant une indéniable inclination vers l'altération de cette institution par l'admission d'un lien conjugal uni-genre.

§ 2 – Les répercussions de l'homosexualité

L'homosexualité a des incidences familiales (A) et extra-familiales (B).

A – Les répercussions familiales

L'homosexualité a fait émerger des notions nouvelles encourageant des formes spéciales de constructions familiales. A cet égard, la notion d'homoparentalité constitue un moyen d'asseoir davantage l'homosexualité (1). Il en va de même de l'organisation juridique de l'adoption et de la filiation à cet effet (2). Ces perspectives ont des conséquences éducatives notables (3).

1°/ La notion d'homoparentalité

---

[112] - Romains, 1er, 32.

Le concept d'homoparentalité soulève la problématique pour des homosexuels d'être parents. Normalement, deux personnes désignées comme étant le père et la mère biologiques ont effectivement et activement contribué à la naissance d'un enfant. En présence d'un couple homosexuel, la problématique de la faible estime de soi se pose chez l'enfant. De plus, les situations expérimentées révèlent des situations artificielles de double paternité ou de double maternité. Enfin, il existe deux types d'homoparentalité.

La faible estime de soi chez l'enfant - Des interrogations importantes sont soulevées en présence d'un enfant vivant avec un couple homosexuel. De nombreux psychologues et psychiatres s'accordent à reconnaître que les enfants éduqués par des parents homosexuels ont souvent une faible estime de soi. Probablement, la honte inhérente au péché peut être l'une des causes de cet état psychique et spirituel. L'enfant risque d'exprimer de l'incompréhension devant une telle situation à un moment donné. Parallèlement, peut se développer chez lui la peur du regard de l'autre ou la crainte inhérente au regard social.

En fait, la pleine assurance est fortement mise à mal en raison d'importants troubles causés par des questionnements identitaires. La construction d'une double paternité ou d'une double maternité va susciter chez l'enfant la curiosité naturelle de savoir qui est le ou les maillons manquants. Au moins l'un des parents biologiques voire les deux ne sont pas (forcément) connus. A un moment de son évolution, l'enfant aura des interrogations sur son origine réelle. En effet, il sera informé de ce qu'il ne peut pas provenir naturellement de l'amour entre deux hommes ou entre deux femmes.

Or, méconnaitre l'identité de l'un au moins des parents biologiques impliquera chez l'enfant une volonté de connaitre l'identité du ou des parents biologiques. De plus, il pourrait avoir l'impression d'avoir été trompé, manipulé. Constatant l'existence d'un mensonge, les sentiments de déception et de trahison pourraient affecter l'âme de l'enfant.

De surcroît, s'il apprend que sa venue sur terre était conditionnée par une technique médicale visant à conjoindre le sperme et l'ovule, il comprendra qu'elle n'a point découlé de l'amour, mais de la science. Or, une association scientifique ne résulte point d'une relation d'amour.

Enfin, parce que l'enfant sait qu'il ne vient pas d'une relation d'amour mais d'un procédé scientifique, il risque d'avoir un trouble dans son âme. Il pourrait même en faire reproche aux membres du couple homosexuel et avoir les sentiments de rejet, de déception et de trahison. Ici, la dimension du pardon importe.

La double paternité ou la double maternité - Familialement, les mariages homosexuels dévoilent des situations d'une grande complexité.

<u>Le cas de la recomposition familiale</u> - Dans certaines recompositions familiales, un enfant qui, ayant un père et une mère et constatant que l'un de ses parents devienne un(e) marié(e) au plan homosexuel, aurait un père, une forme de beau-père et une mère ou, en cas de mère lesbienne, une mère, une forme de belle-mère et un père. Cette recomposition est d'autant plus surprenante que les pratiques, relations et mariages homosexuels sont bibliquement interdits quand bien même ils seraient autorisés selon le droit de certaines nations.

D'abord, le risque pour l'enfant de perdre ses repères naturels, de voir altérer l'estime de soi et d'être troublé dans son identité soulève des questions essentielles. Ensuite, l'abandon d'un conjoint par une personne devenue homosexuelle produit une honte et une altération à la féminité (cas de la femme délaissée) ou de la masculinité (cas de l'homme délaissé). La personne délaissée ressentira alors de l'humiliation, un sentiment de ne pas être à la hauteur.

<u>Les réalités de filiation</u> - Le mariage homosexuel entre deux hommes met en évidence, *via* l'adoption, la construction d'une double paternité conjointe. Le mariage lesbien avec le recours à l'adoption va générer une construction familiale orientée vers une double maternité.

Dans ces deux circonstances, la réalité biologique se trouve occultée ne serait-ce que partiellement. Le concours de la science et/ou le recours à une technique juridique visent à établir une relation entre un père biologique et un adoptant et, en présence de deux homosexuelles, un rapport entre une mère biologique et une adoptante. Dans ces deux hypothèses, les filiations présenteraient respectivement deux natures, l'une biologique et l'autre adoptive.

Cette ambivalence filiale ne se retrouve pas lorsque les deux conjoints décident d'adopter ensemble. Alors, la filiation établie sera pleinement adoptive à défaut de tout lien biologique entre les adoptants et l'enfant.

<u>La notion d'homoparentalité</u> - Le mariage entre un homme et une femme inscrit le couple dans une filiation légitime, sauf à démontrer l'existence d'un rapport adultérin

ayant eu pour conséquence la naissance d'un enfant. En raison du choix ou de contingences familiales (stérilité, volonté d'adopter des enfants défavorisés…), le recours à l'adoption est possible et n'est pas bibliquement proscrit.

En revanche, l'homoparentalité suppose assurément des situations distinctes. Quand une personne a déjà un enfant et qu'elle devient homosexuelle, on est dans un contexte d'homoparentalité du fait que le parent a changé d'orientation sexuelle. Une telle décision peut avoir des incidences sur l'enfant lui-même qui risque de se poser des questions sur l'évolution de ce parent avec pour réaction le rejet du parent homosexuel ou l'acception chez l'enfant d'un tel changement. Cela pose la problématique des conditions de l'éducation de ce dernier.

Au-delà de cette présentation, il existe des constructions d'homoparentalité plus complexes. Par technique ou artifice juridique et/ou scientifique, l'enfant disposerait de deux « parents » de même sexe ou a au moins l'un de ses deux parents se définissant comme homosexuel ou lesbienne. A bien regarder, la bible n'a jamais abordé la problématique de l'homoparentalité parce que l'interdiction de l'homosexualité exclut *ipso facto* une telle situation. Normalement, un parent comme tout être humain n'a pas été destiné à être homosexuel. Il n'y a bibliquement aucune prédestination à l'être. En obéissant au départ à la parole de *Dieu*, les intéressé(e)s ne se retrouveraient pas par la suite dans des situations si complexes, complexité étant d'ailleurs l'expression d'une grande confusion.

<u>*Les situations de double paternité ou de double maternité non liées à l'homosexualité*</u>
- Dans la bible, dans les rapports interhumains, il existe des cas de double paternité et d'autres de double maternité en dehors des questions inhérentes à l'homosexualité.

Concernant la double paternité, après la mort des parents d'*Hadassa*, à savoir *Esther*, *Mordokaï* a agi envers elle comme un père substitutif en l'adoptant. Dans ce cas, il s'agit de deux paternités successives n'ayant rien à voir avec l'homosexualité. Cette dernière encourage une construction familiale avec une double paternité conjointe ce qui, selon l'ordre biologique, n'est pas possible. En effet, un enfant ne peut avoir deux pères biologiques car la double paternité homosexuelle résulte d'un mensonge.

Sur la double maternité, la bible donne l'exemple d'une filiation biologique concernant la mère de *Mosheh* et l'autre adoptive avec la fille de *Phareoh*. Ces maternités concurrentes, non pas conjointes, impliquèrent la nécessité pour *Mosheh* de lever l'option. Ce dernier fit le choix de la vérité biologique par rapport à la logique adoptive[113]. Mais, ce cas n'a rien à voir avec l'homosexualité. En effet, même si des scientifiques ont développé la technique de la gestation pour autrui, deux femmes ne peuvent être mères biologiques d'un même enfant. Normalement, la mère biologique est celle à qui appartient l'ovule.

Néanmoins, l'histoire de *Mosheh* interpelle quant au choix qu'est susceptible ou censé faire l'enfant. Normalement, un enfant devrait faire le choix de la vérité biologique. Mais, des influences extérieures ou des évènements peuvent influer sur un tel choix comme le décès de la véritable mère ou le désaccord entre l'enfant et sa mère, problème familial qu'il faudrait nécessairement résoudre à la croix (réconciliation, pardon…).

De surcroît, les enfants éduqués par des homosexuels pourraient vouloir faire un choix de parentalité distinct des filiations organisées juridiquement en cas de refus d'une parentalité homosexuelle. Alors, la conjugaison d'une filiation biologique avec une autre adoptive n'est pas sans créer des troubles chez l'enfant lui-même avec des possibilités de conflits en perspective. C'est la problématique de l'acceptation de l'enfant face à une telle situation qui est soulignée. Va-t-il accepter le mensonge ou non ?

Les types d'homoparentalité - Une distinction est faite entre deux types d'homoparentalité, l'une adoptive par le moyen juridique et l'autre procréative (mère porteuse, insémination artificielle) selon un procédé scientifique.

<u>*L'homoparentalité adoptive*</u> - L'aspiration d'un être humain à être père ou mère est parfaitement légitime puisqu'elle donne tout son sens au processus de procréation divinement constituée. Néanmoins, cette problématique générale souffre d'un hiatus dans le processus d'adoption d'un enfant par un couple homosexuel.

Une personne homosexuelle désirant un enfant pourrait manifester la volonté d'adopter. Mais, l'une des difficultés posées par l'homoparentalité adoptive réside dans la question de l'identification au père ou à la mère dans une composition familiale uni-genre. En cas d'homoparentalité adoptive masculine, qui agirait en tant que mère ? En cas d'homoparentalité adoptive féminine, qui jouerait le rôle du père ? Nécessairement, la vérité biologique implique qu'il n'y ait pas de substitut ou de transfert de la sorte.

---

[113] - Hébreux, 11, 23 et 24.

Bibliquement, le père biologique sera considéré devant *Dieu* comme le vrai père. La mère biologique de l'enfant sera considérée devant le créateur comme la véritable mère. Si l'homosexualité est confortée par un mariage l'autorisant en vertu d'un droit national, la valeur du mariage homosexuel est nulle en considérant la parole de *Dieu*.

De plus, le seul désir d'aimer et d'éduquer un enfant ne saurait justifier bibliquement l'homoparentalité adoptive. La question de l'éducation de l'enfant est, en la matière, essentielle. Les parents biologiques d'un enfant ne peuvent avoir le même sexe eu égard à l'impossibilité pour des personnes de même sexe de procréer. En ce sens, la construction familiale basée sur l'homosexualité reste fondée sur les mensonges.

L'homoparentalité procréative - Contrairement à l'homoparentalité adoptive, l'homoparentalité procréative implique, par définition, une assistance médicale car il est impossible pour deux hommes ou deux femmes de procréer ensemble.

Mais, cette forme d'homoparentalité pourrait laisser accroire à l'enfant qu'il est le produit du désir sexué et sexuel de deux hommes et de deux femmes. Mais, avec la maturité, l'enfant comprendra que cela n'est pas vrai. L'homoparentalité procréative suppose, pour des raisons naturelles, le recours à un tiers (donneur de sperme, femme qui a voulu prêter son ventre). Or, la bible requiert l'hétérosexualité conjugale pour procréer. Il ne s'agissait pas d'une relation avec trois personnes physiques.

Faire croire à l'enfant un mensonge selon lequel il serait né d'un désir entre deux personnes de même sexe risque de se retourner contre les composantes du couple homosexuel. En grandissant, l'enfant se rendra compte du mensonge s'associant à une problématique identitaire. Il lui sera alors difficile de comprendre la différence entre un père et une mère en présence de deux « parents » de même sexe.

Enfin, la thèse selon laquelle il peut y avoir deux sexes semblables avec des rôles distincts apparaît clairement comme un déni organique du réel et l'expression d'un état psychique singulier. Alors, l'un des membres du couple adopterait des comportements associés à ceux du sexe opposé ce qui engendre un trouble identitaire certain chez ce dernier.

2°/ L'adoption et la filiation

L'adoption et la filiation par des homosexuels vivant en couple posent de nombreuses difficultés. Le caractère biblique de l'adoption se trouve confronté, en présence d'un couple homosexuel, à une difficulté majeure : la proscription pure et simple de l'homosexualité par la parole de *Dieu*. Parce que cette dernière interdit l'homosexualité, toute construction la permettant ne se justifie pas bibliquement.

La logique de l'adoption - L'adoption organise spirituellement et juridiquement l'instauration d'une filiation. La parole de *Dieu* en admet le principe car elle dit à propos du chrétien : « En effet, vous n'avez pas reçu un esprit de servitude de nouveau pour la peur, au contraire vous avez reçu un *Esprit* d'adoption (« *huiothesias* ») par qui nous crions : « *Abba* », *Père* » »[114]. Cette adoption spirituelle permet d'établir un lien de filiation avec le *Père céleste*. Ce lien n'a aucune connotation sexuelle.

De même, le principe de l'adoption est admis dans les relations humaines. A la mort des parents d'*Hadassa*, nommée *Esther* par la suite, celle-ci fut élevée par *Mordokaï*, son cousin. Il agit à son égard comme un père pourrait le faire envers son enfant. Dans les rapports interhumains, l'adoption d'un enfant constitue une modalité d'instauration d'une filiation ne dépendant pas d'un lien biologique direct.

Néanmoins, l'extension de la logique d'adoption aux couples homosexuels vient s'opposer pleinement à la parole de *Dieu* à plus d'un titre.

L'adoption d'enfants par les couples homosexuels - L'adoption réalisée pour établir une filiation entre un couple homosexuel et un enfant pose d'abord des questions éthiques. La réflexion porte aussi sur les effets de l'éducation et de l'entretien de l'enfant par un couple homosexuel.

La filiation entre des homosexuels et l'enfant n'est jamais pleinement biologique ou ne l'est pas du tout. L'impossibilité de procréer conjointement dans une relation unisexuelle met en exergue deux cas de figure. *Primo*, l'un est le parent biologique de l'enfant (naturellement ou au moyen de techniques scientifiques) et l'autre l'adoptant. Dans cette circonstance, la construction de deux paternités ou de deux maternités homosexuelles est une bizarrerie conjuguant une filiation adoptive et une biologique. *Deuzio*, aucun des deux membres du couple homosexuel n'est le père ou la mère biologique d'où une adoption dénuée de tout lien biologique. Cette bizarrerie s'inscrit dans une logique totalement adoptive.

---

[114] - Romains, 8, 15.

Parce que l'établissement d'un lien de filiation est fait sur la base d'un mensonge, deux difficultés se présentent. *Primo*, l'acceptation par l'enfant d'un double lien de paternité ou de maternité n'est pas évidente eu égard aux questionnements éventuels sur son origine et sur le lien familial construit pour lequel il pourrait ne pas être d'accord. Les conflits dans le foyer à ce propos et les tentatives d'explications complexes données à l'enfant sont les conséquences d'une construction mensongère. *Deuzio*, selon les cas, en présence d'un mariage homosexuel, l'enfant recevra une filiation biologique pour l'un et adoptive pour l'autre ou une filiation entièrement adoptive.

3°/ La distinction spirituelle entre les systèmes éducatifs

En matière d'homosexualité, la problématique éducative est essentielle. Il y a une réelle opposition entre les systèmes d'éducation promouvant l'homosexualité et ceux la rejetant.

Les systèmes éducatifs de promotion de l'homosexualité - Dans la *Grèce* ancienne, la « *paideia* » consistait à enseigner une vaste culture (grammaire, rhétorique, mathématiques, musique, philosophie, géographie, histoire naturelle, gymnastique). Cette éducation élitiste était réservée à la classe aristocratique et certains éléments de cet enseignement transgressaient la *Parole de Dieu*. Elle contraste nécessairement avec la « *paideia* » (éducation) biblique excluant toute lutte des classes, toute recherche élitiste et tout enseignement encourageant l'homosexualité.

Chez les grecs, en dehors du cadre biblique, l'enseignement de l'homosexualité avec mise en pratique était institutionnalisé. Cela a eu pour effet de banaliser socialement le péché d'homosexualité. Cette culture était établie dans un pays que la bible appelle *Yavan* qui, après avoir été victorieux de la *Perse*, fut dominé ensuite par l'*Empire romain*. Certaines dérives homosexuelles se sont étendues à *Rome* puisque le personnage « *Hermaphroditos* » était statufié dans cet empire. Malgré l'évolution historique des dominances impériales, l'abomination ne faiblissait pas pour autant.

A l'évidence, un système éducatif ouvert à l'enseignement et à la pratique de l'homosexualité interpelle quant aux modalités d'enseignement et d'instruction de l'enfant dans les sociétés modernes ayant institutionnalisé et officialisé sous diverses formes l'homosexualité. Déjà, dans le système grec, il s'agissait d'inculquer chez l'enfant la culture de l'homosexualité en le conditionnant à cet effet.

Cette appréciation historique donne à réfléchir. Ce qui se passait à l'époque en *Grèce* se retrouve, à certains égards, dans certaines sociétés actuelles ayant officialisé voire même légalisé l'homosexualité. Cependant, à l'inverse de la pédérastie qui permettait chez les grecs d'officialiser l'homosexualité et la pédophilie, la plupart des législations actuelles interdisent qu'un adulte ait des relations sexuelles avec une personne jeune (pédophilie). Par contre, certaines conçoivent l'homosexualité.

Le rejet historique de l'homosexualité par l'apôtre Paul dans un cadre éducatif - L'histoire biblique montre une chose extrêmement intéressante. Dans le *Nouveau Testament*, on note trois choses à propos de l'homosexualité. *Primo*, la diatribe de l'apôtre *Paul* contre l'homosexualité a été faite dans le cadre de l'épître aux *Romains*. *Deuzio*, la question de l'homosexualité a été abordée dans la *Première épitre aux Corinthiens*. Donc, son message a concerné la *Grèce* et est venu en contradiction avec les traditions et les pratiques hellénistes. *Tercio*, l'enseignement visant à rejeter l'homosexualité a été transmis par l'apôtre *Paul* à *Timothée*. L'enseignement qu'il reçut devait être transmis à d'autres et dans les générations postérieures dans le respect des saintes écritures.

Au plan éducatif, le mot « *paidion* » est l'« être humain n'ayant pas atteint l'âge adulte »[115], le « fils » ou la « fille d'un père et d'une mère »[116] et une « personne naïve et innocente »[117]. C'est le « nouveau-né », l'« enfant en bas âge », le « jeune enfant », le « petit garçon », le « bébé récemment né ». Il s'agit autant d'un enfant immature. Le terme grec emprunte un aspect éducatif car « *paideia* » est l'éducation devant répondre, dans le cadre biblique, aux besoins de l'enfant. Bibliquement, le but de l'éducation est le perfectionnement, l'excellence[118].

Alors que les grecs employaient le vocable « *paideia* » pour promouvoir l'homosexualité notamment, la bible reprend ce même terme en y transposant une logique éducative sanctifiée. C'est au point où il a été employé dans le *Nouveau Testament* dans six versets tous afférents à la relation entre les pères et les enfants ou fils[119]. Elle renvoie à l'« éducation », la « correction » et concerne la « discipline », l'« instruction ».

---

[115] - Luc, 1er, 59, 66, 76, 80 ; 2, 17...
[116] - Jean, 4, 49.
[117] - I Corinthiens, 14, 20.
[118] - II Timothée, 3, 10 à 17 ; Proverbes (*Mishlei*), 22, 6.
[119] - Ephésiens, 6, 4 imposant aux pères à ne pas irriter leurs enfants, mais de les élever dans l'éducation et l'instruction du *Seigneur* ; II Timothée, 3, 16 imposant l'enseignement, la réfutation, la correction et l'éducation dans la justice au moyen de toute écriture inspirée de *Dieu* ; Hébreux, 12, 5 sur l'impératif de ne pas mépriser la correction du *Seigneur* ni se décourager quand on est repris ; 7 sur le fait d'endurer la

On a vu de quelle manière l'apôtre *Paul* enseigna *Timothée* sur la problématique de l'homosexualité lui indiquant que depuis son enfance (« *brefos* » renvoyant au nouveau-né), *Timothée* connaissait les écritures pouvant le rendre sage (« *sofisai* ») pour le salut par la foi en *Christ Jésus*[120].

Chez les hébreux, le verbe « *shanakh* », utilisé dans Proverbes (*Mishlei*), 22, 6 signifie « enseigner », « instruire », « dédier », « dédicacer », « inaugurer », « entrainer ». Le jeune homme enseigné et instruit par ses parents doit être dédié à l'*Eternel* et il est entrainé en vue de suivre la voie divine. Le fils reçoit l'instruction (« *mousar* ») du père qui doit être entendue et ne doit pas délaisser l'enseignement (« *torah* ») de la mère[121]. En tant qu'enseignants, les parents doivent avoir le contrôle des modalités d'instruction et sur le contenu de l'enseignement pour une éducation sanctifiée et prendre garde aussi à ne pas distorter les saintes écritures.

B - Les répercussions extra-familiales

Les modalités de promotion de l'homosexualité sont scientifiques (1) et juridiques (2).

1°/ Le recours à la science

La science a servi à détruire massivement des vies humaines ou à ouvrir des perspectives nouvelles de constructions familiales en dehors du cadre biblique. Sachant l'impossibilité pour un couple homosexuel de procréer, l'homoparentalité a consisté à conférer des « droits » conjugaux, fiscaux, patrimoniaux, sociaux, de filiation, par la destruction de la structure familiale traditionnelle. Une filiation admise dans un mariage homosexuel est nécessairement et, au moins en partie, non conforme à la réalité biologique. Parce qu'ils ne peuvent ensemble procréer, les homosexuels ont sollicité l'adoption ou la procréation médicalement assistée.

Les revendications pour bénéficier de la procréation médicalement assistée (PMA) ont parfois pour but d'établir des liens de filiation en faveur des homosexuels. L'assistance médicale à la procréation (AMP) repose sur des pratiques cliniques et

---

correction comme des fils légitimes ; 8 sur la bâtardise spirituelle de ceux qui ne sont pas corrigés et 11 sur la tristesse immédiate liée à la correction et le fruit paisible de justice que produit la « *paideia* ».
[120] - II Timothée, 3, 15.
[121] - Proverbes (*Mishlei*), 1er, 8.

biologiques où la médecine intervient plus ou moins directement dans la procréation. Par exemple, il s'agit de mettre un fœtus dans le ventre d'une femme demanderesse ce qui a donné des idées aux couples d'homosexuelles ne pouvant procréer naturellement.

La gestation pour autrui réside dans le fait d'implanter un embryon dans l'utérus d'une femme tierce appelée « mère porteuse ». Il s'agit de porter pour quelqu'un d'autre un enfant. Dans ces conditions, qui est véritablement la mère ? Est-ce la donneuse de l'embryon ou la porteuse de l'enfant ? Va-t-on se référer à la source, donc à la vérité biologique, auquel cas la donneuse de l'embryon est la mère ? Ou va-t-on nier la vérité biologique en déclarant la porteuse mère ?

Ces questions éthiques ne se poseraient pas en cas de respect de l'ordre naturel. En effet, la nature enseigne que la mère, biologiquement parlant, est celle dont l'ovule a été fécondé et qui a expérimenté la croissance utérine de son enfant.

Des interrogations se posent devant les conséquences du développement scientifique. Il touche à la composition ou à la recomposition de la structure familiale, mais encore à l'identité des personnes concernées. Ces complications extrêmes tiennent en réalité à l'absence de prise en compte de la logique originelle de base dont la considération aurait permis d'éluder de tels problèmes identitaires chez les individus concernés.

Ces incertitudes suscitent chez les homosexuels un trouble et montrent les répercussions négatives d'un choix de vie et de modalités de fonctionnement non bibliques. Or, *Jésus-Christ* demande que les cœurs ne se troublent pas, mais de croire en *Dieu* et de croire en lui[122]. La foi en *Jésus-Christ* délivre le pécheur de ses fautes. Le trouble est généré par l'incrédulité et par le péché.

2°/ Le recours aux principes juridiques

Outre les constructions juridiques structurant de nouvelles formes familiales (droit de la famille établissant des règles de filiation ou d'adoption), le recours aux principes juridiques s'opère dans des conditions suscitant le développement du péché. Les principes de liberté, d'égalité et du respect de l'orientation sexuelle d'un individu visent à encourager l'homosexualité.

---

[122] - Jean, 14, 1er.

Sur le principe de liberté - La liberté est un principe tant juridique que biblique. Mais, son usage diverge selon les cas.

Juridiquement, la liberté conçue va permettre d'établir une nouvelle liberté pour les homosexuels d'explorer des constructions familiales sous l'égide du mariage homosexuel ou des unions civiles. Cette liberté contrevient à la conception biblique de la liberté excluant les œuvres de la chair. La parole de *Dieu* est formelle. « …Ne faites pas de votre liberté un moyen pour être dans la chair… »[123].

Dès lors, la liberté biblique ne justifie pas les pratiques et le mariage homosexuels permis par la liberté juridique dans certaines nations. Devant ce conflit entre libertés, un choix est à opérer entre la liberté biblique refusant toute liberté charnelle et la liberté juridiquement organisée permettant parfois d'asseoir l'abomination comme cela est le cas en matière de mariage homosexuel. Il est conseillé d'opter pour la liberté spirituelle consistant à refuser l'homosexualité.

Sur le principe d'égalité - Le principe d'égalité a été employé pour ouvrir aux homosexuels des droits jusqu'alors interdits. Le mariage homosexuel ouvre, selon certains droits nationaux, des droits fiscaux, sociaux, familiaux, successoraux. Néanmoins, l'accès à ces droits fait émerger des situations de cumul de péchés car il s'agit d'asseoir juridiquement de nouvelles bases et structures familiales et sociales contraires à la bible. Dans ces conditions, le principe d'égalité provoque l'extension de péchés et contrevient à la parole de *Dieu*.

Certaines revendications d'égalité chez les homosexuels ont procédé davantage d'une volonté de reconnaissance. Ce désir de reconnaissance tient au souhait d'un changement du regard des autres sur la situation des concernés. Cependant, le regard de *Dieu* sur le péché est invariable. Bibliquement, la volonté de reconnaissance conduit à un orgueil approfondissant la désobéissance à la parole de *Dieu*.

Le regard sur l'homosexualité sous l'angle du principe de non-discrimination pour en admettre le fondement n'empêche pas les opposants de se positionner contre de telles pratiques, à maintenir leurs conceptions au titre de leur liberté de conscience. De plus, l'utilisation d'un principe juridique pour autoriser l'approfondissement de pratiques anti-bibliques ne permettra nullement la guérison par rapport au rejet ressenti à cause du sentiment d'être discriminé vécu par l'homosexuel.

---

[123] - Galates, 5, 13.

La raison est extrêmement simple. Un rejet peut être lié à la violation de la parole de *Dieu*. Ainsi, à cause de la consommation du fruit de l'arbre de la connaissance du bien et du mal, l'une des sanctions a consisté à exclure l'être humain du jardin d'*Eden*[124]. L'éloignement par rapport au créateur affecte négativement l'individu. Le verbe hébreu « *garash* » signifie « chasser », « expulser », « jeter dehors », « divorcer », « répudier », « pousser dehors », « être chassé », « être expulsé ».

Non seulement le rejet peut être la résultante du péché mais, contrairement à la parole de *Dieu*, une règle juridique ne permet pas et ne vise pas à guérir un cœur brisé. La normativité juridique ne répond nullement aux problématiques d'ordre spirituel, psychique et biologique soulevées par l'homosexualité.

Sur le principe du respect de l'orientation sexuelle - La notion de « respect de l'orientation sexuelle » a permis d'inscrire, dans le droit de certaines nations, la faculté pour une personne de choisir son orientation sexuelle ou ses orientations sexuelles. Ce principe perçu comme un corollaire de celui de la liberté s'apparente bibliquement à une liberté charnellement conçue.

Or, la liberté conçue selon un principe juridique des nations suscitant le « respect de l'orientation sexuelle » est une façon déguisée d'imposer l'acceptation de situations favorables au développement d'œuvres de la chair et singulièrement de l'homosexualité. Bibliquement, une seule orientation sexuelle est recevable, à savoir encourager le mariage entre un homme (« *ish* ») et une femme (« *ishah* »).

---

[124] - Genèse (*Berechit*), 3, 24.

Chapitre II - Les réponses bibliques apportées face à l'homosexualité

La proscription intégrale de l'homosexualité dépend du refus de la débauche, du respect de l'ordre naturel et divin, de celui des fonctions des membres du corps humain et de la sanctification. Elle suppose une rupture par rapport aux mécanismes et alliances favorisant le péché (Section I) en vue de la transformation de l'être intérieur (Section II).

Section I – La logique de rupture

La rupture est d'abord une logique individuelle susceptible d'avoir des effets personnels et collectifs. Elle touche l'individu et le couple homosexuel (§ 1). Eu égard à l'encouragement suscité en faveur de constructions familiales anti-bibliques (§ 2), il ne fait pas de doute que la première démarche consistera à rompre avec les péchés inhérents à l'homosexualité.

§ 1 – La rupture propre à l'individu et aux couples homosexuels

La contestation de l'homosexualité résulte du rejet biblique de toute forme d'impudicité (A). Elle suppose le brisement d'alliances homosexuelles (B).

A – Le rejet de l'impudicité

Le refus biblique de toute forme d'impudicité (1) concerne notamment l'adultère homosexuel (2).

1°/ Le principe du rejet biblique de l'impudicité

Le refus biblique de l'homosexualité repose sur la « *metanoïa* » touchant à sa pratique, au mariage homosexuel et à l'homoparentalité.

Le rejet biblique de l'homosexualité - Dès l'*Ancien Testament*, la radicalité de la parole ne laisse place à aucun doute quant au sens des écritures sur l'homosexualité. Le principe biblique de l'interdiction et la sentence subséquente sont clairs au sujet de l'homosexualité masculine. Le fait que les sangs retombent sur la tête des deux protagonistes révèle l'existence d'un lien de malédiction.

Au surplus, indépendamment du genre, le *Nouveau Testament* utilise un langage tout aussi précis au travers des écrits de l'apôtre *Paul*. La tendance biblique est invariable au point d'affirmer l'exclusion des homosexuels de l'héritage du *Royaume des cieux*. Si la punition de mort inscrite dans l'*Ancien Testament* était physiquement exécutée, la parole de *Dieu* évoque la mort spirituelle et la seconde mort pour ceux et celles qui, ayant pratiqué ou cautionné l'homosexualité, ne se sont pas repentis.

L'origine de l'homosexualité justifie cette position. Elle se fonde sur les blessures, le mensonge, l'idolâtrie faisant que le traitement psychique et spirituel est singulier et variable en fonction des cas. Au plan des conséquences, l'homosexualité constitue une rupture entre la réalité biologique et celle psychique, incite au détournement des fonctions organiques aux fins contre-nature, produit la souillure de l'âme et a des incidences spirituelles.

Par nature, la distinction de genre opérée par le créateur pour instituer le mariage hétérosexuel exclut les relations homosexuelles. La pratique homosexuelle, les réactions découlant des blessures, le mensonge, l'idolâtrie, le non-respect des fonctions des organes du corps et les états d'âme manifestés par les homosexuels constituent des péchés. L'homosexualité s'inscrit dans la désobéissance à la parole de *Dieu*. Le retour à l'obéissance passe par la conversion, une cessation définitive de tous les péchés résultant de l'homosexualité.

La débauche, l'impudicité sont des œuvres de la chair impliquant le passage par la croix dans la dimension verticale (droiture, rectitude, vérité, obéissance...) et dans celle horizontale (amour, compassion, miséricorde, hospitalité...). Les personnes en *Christ* ont mis en croix la chair avec ses passions (« *pathémasin* ») et ses désirs (« *èpithumiais* » : convoitises)[125]. Cet impératif de mise en croix intéresse nécessairement les personnes homosexuelles car ceux qui sont dans la chair ne peuvent plaire à *Dieu*[126].

La repentance en cas de mariage homosexuel et d'homoparentalité - La conversion chez l'homosexuel touche notamment les problématiques liées au mariage homosexuel et à l'homoparentalité.

---

[125] - Galates, 5, 24.
[126] - Romains, 8, 8.

« Metanoïa » et refus du mariage homosexuel - Les partisans du refus du mariage homosexuel prennent appui en grande partie sur la bible et sur l'ordre de la nature. *Primo*, ce refus se fonde sur l'interdiction biblique explicite de l'homosexualité. Toute forme d'homosexualité est prohibée, y compris en cas de mariage entre deux personnes de même sexe. *Deuzio*, la conception biblique du mariage mettant en présence un homme et une femme interdit les unions homosexuelles.

. La culpabilisation du pécheur à cause de son péché

En raison de sensibilités particulières, d'émotions fortes et exacerbées et du sentiment d'être accusé, les homosexuels se sentent souvent stigmatisés et trouvent injustes d'être pris à parti. L'une des interprétations susceptibles d'être donnée à la prégnance de telles émotions est que *Dieu* veut parler aux cœurs des homosexuels. Outre le moyen de communication divin, le sentiment d'injustice vécu par eux résulte de celui d'être incompris. Les sentiments d'incompréhension et d'injustice produisent dans l'âme des intéressés de la colère. C'est pourquoi on constate parfois une vive agressivité chez les homosexuels.

Or, la parole de *Dieu* déclare que la colère d'un homme ne saurait accomplir la justice de *Dieu*. Elle leur demande au surplus de confesser leurs péchés et de changer de direction afin de ne pas venir en jugement. La conscience du pécheur se trouve affectée par la faute génératrice d'un trouble intérieur.

A défaut de repentance, l'approfondissement du péché entraine souvent une culpabilisation grandissante et une inclination à faire des reproches. L'individu cherchera des exutoires ou des excuses de toutes sortes (arguments biologiques, scientifiques, juridiques, doctrinaux…). Face aux transferts, la délivrance par rapport au sentiment de culpabilité passe par le don de sa vie à *Christ* car il n'y a aucune condamnation pour ceux qui sont en *Jésus-Christ*[127].

. Les tentatives de culpabilisation de la part des homosexuels

Il existe une culpabilisation émanant des homosexuels eux-mêmes, condamnant ceux refusant le mariage homosexuel en invoquant des arguments « évolutionnistes », à savoir les évolutions juridiques, techniques, scientifiques, des mœurs, de la mode et des mentalités. Etant donné que *Dieu* est le même hier, aujourd'hui et éternellement,

---

[127] - Romains, 8, 1er.

la stabilité de ses positions confirme une intangibilité du refus de l'homosexualité sous toutes ses formes, y compris les plus modernes.

La dénonciation du mariage homosexuel est souvent reprochée par les homosexuels sur la base de discours culpabilisateurs. Pourtant, en dépit des états d'âme en présence, *Dieu* leur porte un amour inconditionnel et immuable. En raison de son amour, il ne souhaite pas la mort éternelle du pécheur. C'est pourquoi au-delà de la condamnation, il y a la vision de grâce divine propice au salut.

Parfois, insister sur les conséquences spirituelles d'une officialisation croissante de l'homosexualité relativement aux liens de conjugalité, de filiation, de règles sociales, fiscales, successorales suscite chez les homosexuels concernés de vives réactions empreintes de rejets ou de contre-rejets, de reproches, de colères, de sentiments d'injustice, d'incompréhension. C'est pourquoi il leur vaut mieux guérir de ces sentiments plutôt que de chercher une compensation en pensant faire du mariage homosexuel une panacée. Bien au contraire, ce type de mariage n'est pas un remède efficace pour résoudre un certain nombre de difficultés rencontrées par cette catégorie de personnes. En effet, d'après la bible : « ne prenez pas part aux œuvres stériles des ténèbres, plutôt aussi désavouez »[128].

Il n'y a donc pas d'excuses ou de justifications à l'homosexualité. Ce qui importe, c'est la repentance.

<u>*Homoparentalité et « metanoïa »*</u> - L'homoparentalité présente plusieurs aspects.

Lorsqu'une personne déjà père ou mère devient homosexuelle, faut-il que l'autre parent interdise à l'enfant de voir le parent devenu homosexuel ? L'interdiction pourrait paraître pour l'homosexuel comme une forme de discrimination, donc de rejet supplémentaire. Mais, la question est extrêmement délicate quand on sait que la bible recommande une séparation stricte par rapport au péché et un refus d'alliance entre le croyant et l'incrédule[129].

. La division entre les parents sur l'éducation de l'enfant

Un jeune enfant ne comprend pas tout. Sa compréhension des choses ne peut être que progressive car il faut considérer son âge, ses aptitudes cognitives, son discernement, son éducation… Au surplus, il ne voudra pas forcément être séparé de ses parents.

---
[128] - Ephésiens, 5, 11.
[129] - II Corinthiens, 6, 15.

Mais, quand advient une séparation, l'enfant peut se sentir rejeté et risque de culpabiliser en pensant être le fautif de la situation. En la matière, cet aspect affectif peut avoir des incidences importantes face à son incompréhension et à l'absence possible d'explications adéquates.

Comment expliquer à l'enfant que l'homosexualité est recevable alors que les sciences naturelles enseignent à l'école le processus de fécondation de l'ovule par le spermatozoïde ? Alors, l'enfant pourrait avoir un trouble, ne voulant pas faire de la peine à chacun des parents. Là, on est dans la sphère des sentiments. Or, la parole de *Dieu* s'applique en tenant compte de la souveraineté divine, non sur la base de sentiments.

Entre un parent refusant l'homosexualité et un autre orienté en ce sens, l'enfant devra recevoir de la part du premier parent les enseignements nécessaires pour l'amener à faire les bons choix de vie de manière à ce qu'il ne soit pas soumis dans le futur aux orientations homosexuelles. La vigilance est d'autant plus de rigueur que le parent homosexuel va déployer de son côté des thèses favorables à l'homosexualité, ne serait-ce que pour se justifier. Dans ces conditions, il influencera l'enfant dans le sens de la permissivité avec le risque de susciter chez ce dernier une banalisation du péché voire même le désir de consommer le fruit défendu.

Or, les tentatives de justification du péché ne peuvent être admises par la parole de *Dieu*. Une telle situation soulève les possibilités d'influence de l'homosexualité d'au moins l'un des parents sur l'enfant en matière éducative.

Les conséquences d'une double éducation en présence de positions divergentes des parents est dévastateur chez ce dernier. Les éventuels conflits à cause de blessures inhérentes à la séparation elle-même et à la cause profonde de cette séparation (trahison, humiliation, abandon par un être cher lié à une homosexualité manifestée ou révélée) peuvent générer aussi une volonté de protection de l'enfant pour l'un et un souci de promouvoir la liberté des mœurs chez l'autre.

Face à deux conceptions divergentes de l'éducation, l'enfant peut avoir le sentiment d'être pris en otage, parfois d'avoir été manipulé par l'un des parents. L'opposition dans les positionnements des parents sur le sujet peut affecter l'enfant lui-même, tiraillé entre un parent favorable et l'autre défavorable à l'homosexualité. Outre la nécessité de séparation par rapport au péché, la « *metanoïa* » suppose une conversion de la personne homosexuelle ou favorable à l'homosexualité.

L'enfant aura un choix à faire dans ce contexte, d'où l'intérêt pour le parent opposé à l'homosexualité de faire un travail d'éducation pour lui faire comprendre les valeurs attachées à l'hétérosexualité conjugale.

. L'homoparentalité voulue par les deux « conjoints »

Quand l'homoparentalité est souhaitée par les deux « conjoints », la construction familiale va reposer sur une volonté conjuguée d'approfondir l'homosexualité. Au-delà de la contrariété à la parole de *Dieu*, il est possible que l'enfant ait un problème d'identification du père ou de la mère. Le transfert qu'il pourrait faire sur l'autre « parent » serait cause de trouble identitaire par rapport au mensonge qu'on veut lui faire accepter. Nécessairement, le souhait de « parents homosexuels » serait que l'enfant s'en accommode en lui faisant croire qu'il s'agit d'un processus normal. Mais, ce raisonnement est anti-biblique et il n'est pas sûr que ce soit, dans tous les cas de figure, le souhait de l'enfant qui se rendra bien compte, à un moment donné, de l'existence d'un hiatus.

De plus, si l'enfant n'était pas conscient du lien généré, en comprenant ce qui s'est passé, il y aura deux réactions possibles. Soit l'enfant sera dans une logique de banalisation, traduisant ainsi un danger spirituel. Soit il sera dans l'optique de rejet de l'homosexualité, ne voulant pas normaliser ce qui est contre-nature.

Dans le rapport homosexuel, il n'existe aucun lien direct entre les deux sexes identiques en raison d'une incompatibilité naturelle. La présence de sexes similaires interdit toute imbrication naturelle intersexuelle. De plus, la fécondation par une procréation naturelle voulue par *Dieu* est impensable en présence de deux individus de même sexe. Pour « compenser », le développement scientifique favorise des méthodes de procréation artificielle témoignant d'une volonté d'engendrement selon des artifices techniques. Toutefois, procéder ainsi pour consolider les pratiques homosexuelles contrevient à la parole de *Dieu* car cela s'apparente à « approuver » l'homosexualité au sens Romains, 1er, 32 d'où la nécessité de repentance de la part d'approbateurs ou d'organisateurs scientifiques notamment.

Bien sûr, indépendamment de leur statut légal ou civil (mariés, pacsés, célibataires), les homosexuels ont à se repentir. Cette conversion passe par l'annulation, selon les règles et procédures nationales, de mariages homosexuels validés antérieurement. En effet, ce type d'alliance se développe sur un fondement anti-biblique.

2°/ Les cas d'adultères homosexuels

Outre l'adultère spirituel, la pratique de l'adultère homosexuel existe aussi.

L'adultère spirituelle - L'amour (« *philia* ») du monde (« *kosmos* ») est une haine (« *èkhthra* ») de *Dieu* et s'apparente à un adultère spirituel[130]. « *Moikhalis* » est l'« adultère », l'« idolâtre », le « prostitué », l'« infidèle », l'« impur », l'« apostat ».

L'amour du monde s'oppose à *Dieu*. En effet, la convoitise de la chair (pensées, désirs, sentiments homosexuels par exemple), la convoitise des yeux et l'orgueil de la vie (insoumission à *Dieu*) concernent notamment l'homosexualité.

L'adultère spirituel se caractérise par la commission d'une infidélité envers *Dieu*. Bibliquement, le seul fait d'être homosexuel(le) s'en apparente.

La pratique de l'adultère homosexuel - L'adultère est le fait pour un homme ou une femme marié(e) de convoiter ou d'avoir des relations sexuelles avec une personne tierce mariée ou non, voire pour un célibataire de convoiter ou d'avoir des relations sexuelles avec une personne mariée. L'individu portera alors ses désirs sur quelqu'un qui lui est bibliquement interdit.

Quelquefois, certaines personnes ayant subi des déboires sentimentaux vont, à cause du dégoût lié à l'attitude d'un individu de sexe opposé, s'affectionner avec un autre de même sexe. Dans ces conditions, le divorce et le remariage produisent l'adultère. Sauf justification tirée de la « *porneia* », la répudiation constitue un péché et le remariage dans le cadre homosexuel conduit les intéressés à être dans l'adultère homosexuel. En l'espèce, le divorce, le remariage, l'adultère et l'homosexualité sont des péchés. Dès lors, la seconde alliance est à dénoncer au moyen d'une répudiation en ce qu'elle suppose le brisement de l'alliance homosexuelle, qui plus est adultère.

B – La rupture des alliances homosexuelles

Selon la bible, *YHWH* hait la répudiation s'agissant d'un mariage hétérosexuel. Ce principe ne saurait prévaloir en vue de maintenir un mariage homosexuel. En effet, la bible contient des exemples de rupture d'alliances violant la parole de *Dieu*. En la matière, l'annulation des mariages homosexuels selon les procédures inhérentes au

---

[130] - Jacques, 4, 4.

droit national semble incontournable (1). Les ruptures d'alliances homosexuelles ont nécessairement des effets qu'il convient de préciser (2).

1°/ L'annulation des mariages homosexuels

L'insertion de l'homosexualité dans la « *porneia* » produit l'assimilation du mariage homosexuel à la débauche. Dans cette hypothèse, l'annulation du mariage homosexuel est bibliquement recevable dès lors qu'il s'agit de rompre véritablement avec le péché. Techniquement, cette annulation réside dans une rupture contractuelle justifiée par l'impératif de briser une alliance bibliquement proscrite. Cependant, la justification de la rupture de l'alliance ainsi interdite ouvre-t-elle droit au (re)mariage ?

A l'époque de l'apôtre *Paul*, étant observé qu'il n'était nullement question de mariage homosexuel, la problématique de l'annulation d'un tel mariage et de ses conséquences ne se posait pas. Plusieurs siècles après, face aux les évolutions sociétales constatées, la bible comporte des réponses pertinentes.

L'impératif de rompre l'alliance anti-biblique - Les situations appréhendées présentent parfois une grande complexité tenant compte du type d'alliance et du nombre d'alliances contractées.

Mais, il faut savoir également qu'en cas de mariage homosexuel, des procédures juridiques existent pour défaire ce qui a été fait. Sur cette base, l'annulation du contrat de mariage homosexuel va obligatoirement passer par la procédure établie par la loi dans le cadre du divorce. Le recours à une procédure de divorce ne saurait en principe être bibliquement justifié en cas de mariage hétérosexuel.

Supposons l'existence d'un premier lien de conjugalité homosexuel, incestueux, polygame ou adultère et que l'un des conjoints voire les deux décide(nt) de donner leur vie à *Jésus-Christ*. Alors, les alliances contractées antérieurement et contraires à la volonté divine devront être brisées. Dans certains cas, cela implique la faculté de divorcer pour casser le lien homosexuel, incestueux, polygame ou adultère. Dans ces conditions, l'annulation du contrat produit un effet libérateur et se confondra avec les modalités de rupture permises en vertu du droit national concerné.

En somme, la délivrance va supposer l'expression d'une volonté de terminer avec l'alliance bibliquement prohibée. Parce que pour conclure une alliance interdite, il faille émettre un consentement, celui-ci est aussi utile en cas de changement d'avis pour briser le lien anti-biblique préalablement accepté. Au-delà de l'expression d'une volonté, l'annulation du mariage homosexuel s'apparente à la destruction par le *Fils de Dieu* des œuvres du diable manifestées par la commission du péché[131]. En conséquence, une telle destruction va consister en l'acceptation d'un recours judiciaire tendant à briser le mariage bibliquement interdit. Il s'agit de briser ce qui avait été préalablement consenti et qui est une abomination à l'*Eternel*.

La problématique du remariage en cas de rupture préalable d'un mariage homosexuel - Une fois le mariage homosexuel annulé, cette élimination de l'abomination ouvre-t-elle droit au bénéfice d'un remariage, cette fois dans le cadre hétérosexuel ?

<u>Les arguments ne justifiant pas le remariage</u> - Certains arguments ne permettent pas de justifier le remariage suite à l'annulation d'un mariage homosexuel.

Primo, l'argument tiré des « temps d'ignorance » ne permet pas en lui-même le remariage en cas de mariage homosexuel préalablement annulé. En effet, avec les moyens technologiques actuels, avec la diffusion internationale de la parole de *Dieu*, la méconnaissance de la proscription biblique de l'homosexualité et du mariage homosexuel serait plutôt rare.

Au-delà de cela, si la rupture d'une alliance anti-biblique a pour but l'accès à une nouvelle alliance en *Jésus-Christ*, le passage d'une alliance à l'autre s'opère par le truchement de la conversion. La « *metanoïa* » suppose un changement de décision, d'attitude, d'avis, d'opinion. Il s'agit de voir les choses différemment. Ainsi, *Dieu*, « regardant au-delà des temps d'ignorance », commande à tous les humains en tous les lieux, de se repentir[132]. La « *metanoïa* » vise l'effacement des péchés liés à l'existence d'alliances proscrites. La notion de « temps d'ignorance » (« *kronous tês agnoias* ») n'impliquerait pas en elle-même la libération d'une grâce en vue du remariage dans le *Seigneur*.

Deuzio, l'argument tiré de la « *porneia* » s'avère tout autant insuffisant. Certes, la « contestabilité » biblique de la valeur du mariage homosexuel ouvre la perspective d'annulation du contrat. La décision de divorcer par l'annulation du contrat de mariage homosexuel s'apparente à un refus de la « *porneia* » si elle s'inscrit dans la

---

[131] - I Jean, 3, 8.
[132] - Actes, 17, 30.

« *metanoïa* » (en l'espèce la décision définitive d'arrêter les pratiques homosexuelles).

De plus, il est vrai que la « *porneia* » offre, dans le cadre d'un mariage hétérosexuel, la possibilité de remariage pour l'homme non fautif[133]. Cette condition est au bénéfice d'une personne n'ayant pas participé à la « *porneia* ». C'est dire que l'exception tirée de la « *porneia* » ne permet pas de justifier un remariage en cas de mariage préalable homosexuel car les deux homosexuels avaient participé conjointement à la « *porneia* ».

<u>*La thèse de la possibilité de remariage*</u> - Au regard du droit inhérent à la parole de *Dieu*, le mariage homosexuel ne remplit pas les conditions « juridiques » pour sa validation. De ce fait, même s'il est avalisé par un droit national, il ne saurait l'être par la parole de *Dieu*. Ne remplissant pas les conditions du mariage au sens biblique en raison de l'absence d'hétérosexualité, le mariage homosexuel est *ipso facto* et *ipso jure* frappé de nullité. Ainsi, le mariage entre deux hommes ou entre deux femmes ne réunit pas les conditions *ratione personae* (attachées à la personne) puisque la parole de *Dieu* requiert l'union de deux personnes de sexes différents.

Dès lors, la contestation de la légitimité du mariage homosexuel est sérieuse et, devant le tribunal de *Christ*, elle risque même de conduire à la sanction capitale (l'absence d'héritage du *Royaume de Dieu*). Lorsqu'un *Etat* incite *via* ses propres règles à violer l'ordre divin ainsi que la parole de *Dieu*, l'individu aura le choix entre obéir aux exigences bibliques ou désobéir à celles-ci en donnant priorité à la loi étatique.

En effet, alors que la parole de *Dieu* impose le mariage hétérosexuel, certaines législations ont admis en parallèle le mariage homosexuel. Cette concurrence entre mariage hétérosexuel et mariage homosexuel et l'offre de cette ultime possibilité constitue est un piège spirituel majeur. Au lieu d'imposer une législation qui se conforme à la parole de *Dieu*, le droit national va imposer aux citoyens un choix entre les deux types de mariage. Or, les approbateurs-législateurs, les approbateurs-citoyens et les organisateurs de mariages homosexuels auront à rendre compte devant *Dieu* s'ils ne se repentent pas. De même, les citoyens effectuant le choix en faveur du mariage homosexuel risquent la mort éternelle s'ils ne se convertissent pas.

---

[133] - Matthieu, 19, 9.

Si les notions de temps d'ignorance et de « *porneia* » ne suffisent pas à justifier le remariage hétérosexuel après un mariage homosexuel, il est possible de se rapporter à une logique fonctionnelle touchant à l'alliance spirituelle. Par la transition d'une alliance ne répondant pas aux conditions bibliques vers une alliance en *Christ*, l'annulation du mariage homosexuel s'inscrit dans une dynamique de sanctification. Au surplus, un nouveau lien de conjugalité, cette fois dans le cadre hétérosexuel, peut être établi car le premier contrat de mariage (homosexuel) avait été conclu en violation des règles du mariage telles que énoncées dans la parole de *Dieu*.

L'illicéité du contrat de mariage homosexuel en vertu de la parole de *Dieu* appelle à rompre ce type d'alliance pour se conformer aux exigences divines encourageant l'hétérosexualité conjugale. C'est l'une des expressions fortes de la « *metanoïa* » face à l'homosexualité. Il s'agit parallèlement de manifester une intention nouvelle de se soumettre aux impératifs bibliques.

En tenant compte de cette logique d'alliances, si un individu était célibataire avant de contracter un mariage homosexuel, l'annulation de cette union prohibée lui donne le droit de se (re)marier selon les exigences bibliques, le mariage homosexuel étant nul et non avenu. Cela est d'autant plus vrai que c'est la première fois que l'individu se marie dans le cadre hétérosexuel, et non plus homosexuel.

Mais, s'il était marié déjà préalablement à une personne de sexe différent et qu'il avait décidé de divorcer pour contracter un mariage homosexuel, alors l'homosexualité va se coupler avec les péchés d'adultère, de divorce et de remariage. Si la seconde alliance doit être annulée selon les procédures déterminées en vertu du droit national, le retour avec le conjoint initial pose problème si ce dernier s'est remarié légitimement eu égard à l'existence d'une « *porneia* » imputable à l'autre. La personne qui s'est mariée, a divorcé, s'est remariée « homosexuellement » et a divorcé de nouveau ne pourrait revenir vers l'ancien conjoint du sexe opposé si ce dernier s'est légitimement remarié entretemps. En somme, elle a perdu sa bénédiction initiale.

Prenons actuellement le cas du conjoint non-fautif ne s'étant pas remarié. Le principe de l'indissolubilité des liens conjugaux comporte deux exceptions : la mort du conjoint et la « *porneia* ». Dans cette ultime dérogation biblique, le retour du conjoint fautif reste délicat car rien oblige le non-fautif à accepter le rétablissement de la communauté hétérosexuelle initiale à cause de l'existence d'une « *porneia* » tirée de l'homosexualité commise par l'autre. Dans ces conditions, le fautif a à se repentir puisque, par son comportement, il pourrait avoir blessé le conjoint de sexe opposé ayant supporté l'homosexualité de l'autre.

Devant un tel schéma, la guérison des blessures s'avère nécessaire. La volonté de rétablir le lien initial peut être altérée par des états d'âme de l'individu blessé d'avoir été trahi par un conjoint ayant pratiqué l'homosexualité. Le doute, la honte, la trahison, l'humiliation, l'amertume, l'écœurement sont autant d'états d'âme sur lesquels doit travailler l'époux ou l'épouse ayant été délaissé(e) par l'autre s'étant adonné(e) aux pratiques homosexuelles. De surcroît, il serait difficile de faire de nouveau confiance à l'offenseur car il lui faudrait guérir d'états d'âme face à un acte que le conjoint pourrait estimer abominable.

Si le pardon est une exigence biblique, l'individu non fautif pourrait dans l'absolu avoir deux attitudes : la restauration de la relation hétérosexuelle initiale ou le fait de ne pas la rétablir en raison de la « *porneia* » sans pour autant en vouloir au fautif. En effet, une personne trompée par un conjoint dans le cadre de relations homosexuelles peut avoir un tel dégoût, eu égard à l'abomination, qu'elle pourrait avoir une réaction de répulsion vis-à-vis du fautif puisque l'homosexualité est une abomination. Le pardon est utile dans ces conditions.

Mais, dans Jérémie (*Yirmeyahou*), 3, 1er, la bible évoque le cas d'un « homme qui a fait partir sa femme et qui s'en est allée loin de lui avec un autre homme. Est-ce qu'il reviendra vers elle ? Ne serait-ce pas profané ce pays ? » En effet, selon la *Torah*, lorsqu'un mari répudie sa femme pour une cause d'« *ervat dabar* » (« chose inconvenante », « affaire honteuse », « parole mauvaise », « *dabar* » étant la « parole », l'« affaire » ou la « chose »), que la femme sort de la maison et va avec un autre homme et que ce dernier la répudie également, elle ne pouvait retourner vers son premier mari car, si elle le fait, ce serait une abomination (« *to'evah* »)[134].

En l'espèce, il s'agit de deux relations conjugales hétérosexuelles, cependant la consommation d'un second mariage par la femme est une profanation. Par rapport à cette abomination ou profanation, le pays est souillé. Alors, le retour vers le conjoint initial s'avère inconcevable d'après ce texte de l'*Ancien Testament*.

Dans une logique similaire, il y a prostitution si un individu marié quitte son époux ou épouse de sexe opposé pour s'unir à une personne dans le cadre de rapports homosexuels. Alors, le conjoint non fautif pourrait refuser le retour définitif de

---

[134] - Deutéronome (*Devarim*), 24, 1er à 4.

l'autre à cause de la prostitution, le « pays » étant profané, ce qui revient dans le *Nouveau Testament* à recourir à l'exception au principe d'indissolubilité du mariage tirée de la « *porneia* ». Néanmoins, le conjoint délaissé pourrait considérer que l'acceptation d'un tel retour soit un signe de pardon eu égard à l'existence d'un rapport conjugal hétérosexuel initial.

Par contre, si une personne divorce en vue de briser le mariage homosexuel pour se remarier avec une autre personne de même sexe, il y aura un cumul d'abominations caractérisées par l'existence de deux mariages homosexuels dans une même vie. *Primo*, ces alliances ne remplissent pas les conditions du mariage au sens de la parole de *Dieu*. *Deuzio*, il lui faudrait arrêter de s'inscrire dans des alliances sexuelles successives contre-nature. *Tercio*, il n'y a pas de repentance dans ces cas étant observé que le même péché se perpétue.

2°/ Les incidences de la rupture des alliances homosexuelles

La licéité biblique des divorces prononcés pour rompre les mariages homosexuels se justifie par l'impératif d'éviter la participation aux abominations.

La licéité biblique des divorces prononcés en vue de rompre le mariage homosexuel - Les divorces prononcés concernant les mariages homosexuels sont parfaitement valables bibliquement. Si la répudiation entre un homme et une femme apparaît comme un péché, une forme de trahison[135], le fait de divorcer pour annuler un contrat de mariage homosexuel est conforme à la parole de *Dieu* si elle s'inscrit dans une dynamique de repentance. Le divorce par rapport à un mariage homosexuel constitue, dans ce cas, un moyen de délivrance puisqu'il s'agit de faire cesser l'abomination.

La justification biblique des ruptures d'alliances pour éviter de participer aux abominations - Dans les livres d'*Ezra* et de *Nehemia*, il a été question, sans évoquer le cas spécifique des homosexuels, de briser les alliances illicites conduisant le peuple dans l'idolâtrie, ce qui supposait la révocation de femmes étrangères.

Au temps d'*Ezra*, le peuple d'*Israël*, les prêtres et les lévites ne s'étaient pas séparés des cananéens, des hittites, des perezzites, des jébusites, des amorites, des moabites, des ammonites et avaient suivi les abominations de ces peuples[136]. *Ezra* demanda si devaient être abolis les commandements de *Dieu* en permettant au peuple d'*Israël* de

---

[135] - Malachie (*Malakhi*), 2, 14.
[136] - Esdras (*Ezra*), 9, 1er.

se lier par mariage avec des peuples ayant des pratiques abominables[137]. Le choix devait être fait entre la loi de *YHWH* et l'association aux pratiques des nations.

En effet, étaient en cause les alliances avec des peuples adonnés à l'abomination. *YHWH* n'avait point voulu un effet de contamination. Face aux mauvaises alliances, le rétablissement de l'alliance avec *Dieu*[138] et la rupture de l'alliance avec des femmes étrangères étaient jugées de rigueur[139]. L'objectif est d'éviter que des mariages puissent conduire à la réalisation de pratiques interdites par *Dieu*[140]. Ce type de raisonnement est tout à fait recevable en matière de délivrance touchant aux alliances homosexuelles et intégrant des pratiques divinement proscrites.

Pour éviter en amont les péchés liés à l'homosexualité et à la conclusion d'alliances homosexuelles, la bible demande aux croyants de ne pas former avec des incroyants un attelage disparate[141]. Ainsi, une personne chrétienne ne saurait se positionner sous un joug étranger, à savoir s'allier à un non-converti, au moyen du mariage. Bien plus, elle ne saurait s'associer avec un individu dans le cadre d'activités homosexuelles ni s'allier par mariage homosexuel même avec un habillage ou un aval religieux.

L'invalidité biblique du mariage homosexuel - Dès le commencement, *Elohim* a marié *Adam* et *Hawah*, exprimant une origine divine du mariage et son orientation vers l'hétérosexualité. Avec les lois sur la laïcité dans certains pays, le mariage est sous la responsabilité des autorités civiles. Par la volonté de maitrise institutionnelle du mariage en mettant *Dieu* de côté, l'enlèvement progressif de blocages au mariage civil homosexuel a été effectué. Cependant, la volonté de *Dieu* est indépendante de celles des institutions. En effet, le mariage homosexuel ne sera jamais admis par la parole de *Dieu* car *Dieu* se tient debout derrière sa parole.

On comprendra aisément que l'annulation du mariage homosexuel intègre les conditions de délivrance. Dans ce conflit entre la parole de *Dieu* et le droit des nations, un choix doit être clairement réalisé sachant que celui conduisant à la vie éternelle reste fortement recommandé.

3°/ Le retour à une logique conjugale originelle

---

[137] - Esdras (*Ezra*), 9, 14.
[138] - Esdras (*Ezra*), 10, 3.
[139] - Esdras (*Ezra*), 10, 17 ; Néhémie (*Nehemia*), 13, 3 et s.
[140] - Néhémie (*Nehemia*), 13, 30.
[141] - II Corinthiens, 6, 14.

La création du couple par *Dieu* est toute singulière. *YHWH-Elohim* installa *Adam* dans le jardin d'*Eden* avec un but bien déterminé, celui de le cultiver et de le garder[142]. Ce dernier se vit imposer un interdit[143].

La finalité de la constitution du couple marié - L'instauration du mariage par *Elohim* répond à un objectif de sanctification. Déjà, chez les hébreux, le terme « *mekudeshet* » contenu dans la formule prononcée lors d'un mariage tire son origine de « *mekuddash* », c'est-à-dire « sanctifié », « consacré ». Le mari « sanctifie » sa femme sous le regard de *Dieu* et l'union est déclarée sainte par une mise à part. Le mariage implique que deux personnes « se mettent à part » pour vivre ensemble. « *Qodesh* » est la « mise à part », la « sainteté », la « consécration », la « séparation ». « *Qadosh* » veut dire « sacré », « saint », « mis à part ».

Dans une logique similaire, le mariage hétérosexuel est en lui-même un acte de sanctification dans la mesure où il vise à éviter les débauches[144]. A l'inverse, le mariage homosexuel n'est pas un acte de sanctification, mais de débauche car il s'inscrit dans la désobéissance à la parole de *Dieu*.

Par ailleurs, le mariage hétérosexuel lui-même doit se développer dans la sanctification et reposer sur l'obéissance à la parole de *Dieu* pour faire lever un peuple saint[145]. *Elohim* bénit l'homme et la femme ensemble dans une perspective de multiplication[146]. La bénédiction nuptiale ne concernait nullement deux hommes ou deux femmes respectivement.

Le processus d'établissement d'un couple - Selon la projection divine, l'être humain a été fait à l'image et à la ressemblance d'*Elohim* en vertu de Genèse, 1er, 26. *Elohim* décrit au verset 27 la façon dont il va procéder. Le texte hébreu dit en substance : « *Vayibera Elohim et ha'adam betsalemo betselem Elohim bara oto zakar unekebah bara otam* ». Littéralement « Et créa *Elohim* l'être humain (*Adam*) dans son image, dans l'image d'*Elohim*, il créa lui, mâle (« *zakar* ») et femelle (« *nakebah* »), il créa eux ».

C'est un processus à trois dimensions : la création de l'être humain selon l'image de *Dieu* renvoyant à la dépendance par rapport à *Elohim*, la création de l'être humain

---

[142] - Genèse (*Berechit*), 2, 15.
[143] - Genèse (*Berechit*), 2, 16 et 17.
[144] - I Corinthiens, 7, 1er et 2.
[145] - Deutéronome (*Devarim*), 28, 9.
[146] - Genèse (*Berechit*), 1er, 28.

« lui » avec une autonomie de volonté et une création « mâle et femelle » attestant d'une scission en deux. D'un seul corps, le créateur en fit deux avant de les associer de nouveau dans le cadre du mariage en permettant à l'époux et à l'épouse de former une seule chair. Le fait pour deux hommes ou deux femmes de former une seule chair n'a jamais été dans le projet divin. Bibliquement, l'unité conjugale entre deux individus de même sexe est inconcevable.

La raison pour laquelle la notion d'une « seule chair » ne saurait renvoyer bibliquement au rapport entre deux hommes ou deux femmes respectivement résulte de la circonstance qu'au-dedans d'*Adam*, il y avait à la fois matière à constituer un homme et une femme. De surcroît, le rapport entre les deux devait être articulé autour d'une communion spirituelle, psychique et physique. Avant d'être physiquement dissociés, *Adam* et *Hawah* étaient dans un même corps d'où l'idée d'une seule chair.

La bible affirme explicitement que « ni la femme sans l'homme, ni l'homme sans la femme dans le *Seigneur* »[147]. Cela conforte que, dans le *Seigneur*, la conjugalité ne concerne jamais deux hommes ou deux femmes conjointement. La distinction de genre montre que les deux composantes du mariage ont des sexes différents. Le mariage homosexuel n'a jamais intégré la pensée divine. L'hermaphrodisme, la détention conjuguée d'un sexe masculin et d'un féminin, ne l'était pas non plus. C'est pourquoi, après avoir créé *Adam*, l'être humain, *YHWH-Elohim* le fit tomber dans un profond sommeil[148] car il lui fallait une aide semblable comme vis-à-vis[149].

Le fait de faire tomber l'être humain dans un profond sommeil (« *tardemah* ») autorisa une anesthésie générale pour extraire d'*Adam* la côte en vue de bâtir la femme. C'est à partir de cette opération que la démarcation est réalisée entre l'homme de sexe masculin (« *ish* » en hébreu ; « *andros* » en grec) et la femme (« *ishah* en hébreu et « *gunaïka* » en grec). Dans une vision constructive, Genèse, 2, 22 indique que *YHWH-Elohim* bâtit (« *yiven* ») la femme sachant que ce verbe hébreu se retrouve dans le Psaume, 127, 1er insistant sur l'importance du rôle de l'*Eternel* dans la construction du foyer.

Sans l'épouse, l'homme est incomplet. L'identité de la femme découle de celle de l'homme, « *ishah* » étant issue de « *ish* »[150]. Le mariage est une communauté

---

[147] - I Corinthiens, 11, 11.
[148] - Genèse (*Berechit*), 2, 21.
[149] - Genèse (*Berechit*), 2, 18.
[150] - Genèse (*Berechit*), 2, 23.

conjugale, familiale ou matrimoniale autant qu'une communauté de délices, de vie et de fonctions cohabitant dans une communion spirituelle, psychique et corporelle.

Or, par nature et selon la biologie, l'homosexualité ne saurait produire la vie.

§ 2 - La rupture par rapport aux constructions familiales contraires à la bible

Les ruptures par rapport à l'homosexualité peuvent se réaliser en matière éducative (A), doctrinale et scientifique (B).

A - La lutte contre l'influence de l'homosexualité sur l'éducation des enfants

A priori, la lutte contre l'influence de l'homosexualité sur l'éducation des enfants relève bibliquement de la responsabilité parentale (1). A ce titre, il convient d'avoir une conception de l'éducation conforme aux exigences bibliques (2).

1°/ La responsabilité principale des parents

La responsabilité éducative des parents est un principe répondant à des modalités particulières dans un champ bien précis.

Le principe de la responsabilité parentale - La bible fait clairement du père un éducateur (« *paideutàs* »)[151] qui doit se soumettre aux *Père des esprits* (« *patri tôn pneumaton* »). La soumission de l'instructeur à *Dieu* est une condition essentielle de la garantie de la compatibilité de l'enseignement avec la parole de *Dieu*. On comprend que cela dépend de son inscription dans une téléologie particulière. Les buts de l'éducation spirituelle sont l'obtention de la vie, la communication de la sainteté et la production future d'un fruit paisible de justice[152]. Spirituellement, le parent inspiré de l'*Esprit* devra enseigner son enfant à propos de la vie (tant physique que spirituelle), de la sainteté et de la justice. A cet effet, le fils devait écouter l'instruction d'un père et ne pas rejeter l'enseignement de la mère.

---

[151] - Hébreux, 12, 9.
[152] - Hébreux, 12, 9 à 11.

Cependant, la difficulté réside dans le fait que cette obligation parentale passe par la sanctification des parents. Or, cet impératif est exclu en présence de deux « parents » homosexuels. Ne marchant pas selon *Christ*, ni dans la sainteté ni dans la justice de *Dieu*, il leur sera impossible d'inculquer les valeurs chrétiennes à l'enfant.

Les modalités de l'éducation - Pour remplir leurs missions, les parents ont intérêt à connaître les méthodes et les pratiques d'enseignement (accès à la connaissance), d'éducation (fixer les règles) et les qualités requises (pédagogie) pour transmettre, communiquer les connaissances et le savoir-faire. L'éducation des enfants passe par le fait d'inculquer des règles inspirées de *Dieu via* des moyens divers (conseils, ordres, avertissements, réprimandes…).

Dans le système éducatif, deux types de bâton sont employables. Le « *mateh* » est le bâton rigide qui a séché et dont la dureté symbolise le respect strict de principes éducatifs intangibles. En quelque sorte, c'est la frontière à ne pas dépasser. Ainsi, s'agira-t-il d'enseigner les principes bibliques dans le cadre desquels s'inscrit la prohibition de l'homosexualité. En tant que père spirituel de *Timothée*, l'apôtre *Paul* l'avait instruit à ce sujet[153].

Le « *shevet* » représente le bâton souple traduisant une adaptation de l'éducation aux circonstances, à l'âge et au degré de compréhension. Les parents doivent savoir utiliser les deux types de bâton et trouver l'équilibre éducationnel selon les formes proposées. Il ne faut en effet être ni trop dur, car l'enfant risque d'être découragé, ni trop souple car grandirait en lui le sentiment d'impunité.

Le champ de l'éducation - En substance, l'instruction concerne l'âme. A ce propos, les parents ont besoin de prier pour recevoir l'inspiration du *Saint-Esprit* et prendre les bonnes décisions. Ils veillent individuellement sur leurs âmes et sur celles de leurs enfants. Bibliquement, l'âme représente le sang, l'être humain, l'instance psychique avec les pensées, la volonté, les sentiments, les émotions et les passions. A cet effet, la purification de l'âme passe par l'obéissance à la parole de *Dieu*[154].

Le rôle éducatif des parents consiste à apprendre à l'enfant l'intérêt de se prémunir spirituellement contre l'homosexualité et les pratiques subséquentes. De même que les enseignements promouvant l'homosexualité affectent négativement l'âme, de même que les instructions contre les pratiques et états d'âmes associés à

---

[153] - I Timothée, 1er, 10.
[154] - I Pierre, 1er, 22.

l'homosexualité visent à conduire les concernés dans la repentance et dans la marche vers la sanctification.

2°/ La bonne conception de la « *paideia* »

Il importe de faire très attention au choix de l'instructeur et d'écarter, dans la mesure du possible, celui qui pourrait guider l'âme sous une domination, une emprise contraire à la volonté de *Dieu*. Dans la *Grèce* ancienne, les enseignements sur le culte de la beauté, de la culture physique, la sagesse humaine, la morale et la liberté, la noblesse et la pédérastie étaient largement anti-bibliques. Or, pour la plupart, ce sont des instructions non inspirées de l'*Esprit de Dieu*. Les parents ont l'obligation d'examiner la substance des enseignements fournis à l'enfant et de veiller à une culture spirituelle biblique compatible avec la parole de *Dieu* pour contrecarrer toute éventuelle instruction contrevenant aux saintes écritures.

La bible indique les conditions de l'enseignement depuis enfance. L'apôtre *Paul* a pu dire, à propos de *Timothée*, que depuis son enfance (« *brefos* »), il connaissait les saintes écritures pouvant le rendre sage à salut par la foi qui est en *Jésus-Christ*[155]. « Rendre sage » (« *sofisai* ») renvoie simultanément à un comportement convenable et bienséant, à une intelligence liée à l'action de l'*Esprit de Dieu* et au discernement entre le bien et le mal. *Primo*, l'enfant doit être enseigné sur l'attitude à avoir, ce qui exclut l'enseignement favorable aux pratiques sexuelles anti-bibliques. *Deuzio*, cela implique une soumission à l'*Esprit de Dieu*, non à l'esprit conduisant à la consommation d'aliments interdits[156]. *Tercio*, inculquer à l'enfant le discernement entre le bien et le mal l'encouragera à faire les bons choix.

Selon la bible, « toute écriture inspirée de *Dieu* est aussi utile pour l'enseignement (« *didaskalia* »), pour la réfutation (« *èlegmon* »), pour la correction (« *èpanorthosis* »), pour l'éducation (« *paideia* ») dans la justice (« *dikaïosune* ») »[157]. Dans ces conditions, les passages bibliques afférents à l'homosexualité sont là pour enseigner ce qu'il convient de rejeter. Ils permettront de réfuter les fausses doctrines et les constructions anti-bibliques. La correction vise à rectifier les erreurs doctrinales ou de compréhension. L'éducation est une manière de faire connaitre les règles à respecter dont le refus de l'homosexualité sous toutes ses formes.

---

[155] - II Timothée, 3, 15.
[156] - Genèse (*Berechit*), 3, 6.
[157] - II Timothée, 3, 16.

L'objectif est de permettre à l'homme de *Dieu* d'être accompli, ayant été équipé pour toute bonne œuvre[158]. Normalement, ce travail commence depuis tout petit comme le montre II Timothée, 3, 15 à 17. Le perfectionnement suppose l'apprentissage du refus du péché depuis le jeune âge.

B – La rupture avec les fausses doctrines et les pratiques scientifiques promouvant l'homosexualité

La lutte contre l'homosexualité implique une opposition aux fausses doctrines (1) et aux modalités d'emploi de procédés scientifiques visant à établir des constructions familiales non bibliques (2).

1°/ La rupture par rapport aux fausses doctrines

Selon la bible, rompre avec les fausses doctrines passe par le rétablissement de la saine doctrine et la lutte contre sur les esprits séducteurs et les doctrines de démons.

Le rétablissement de la saine doctrine - La parole de *Dieu* déclare explicitement que « *Dieu* est amour » (« *theos agape estin* »)[159]. Même « *agape* », l'amour de *Dieu* ne va pas justifier le sentiment d'impunité. En effet, le fait pour une personne de penser qu'elle ne va pas être sanctionnée pour ses fautes pourrait susciter chez le pécheur une absence de « *metanoïa* ». De surcroît, le sentiment d'impunité s'associe à l'esprit d'erreur. L'impunité face à l'homosexualité, au mariage homosexuel et aux constructions familiales subséquentes relève de l'erreur à l'instar de la supposée relation homosexuelle entre *David* et *Yehonatan*.

Utilisée à tort pour faire croire à l'autorisation biblique de l'homosexualité, cette histoire n'a pourtant rien à voir avec une quelconque relation amoureuse. L'expression « il advint que l'âme de *Yehonatan* se lia à l'âme de *David* et que *Yehonatan* l'aima comme son être » (« *nafsho* »)[160] n'est qu'une expression du second commandement : « Tu aimeras ton prochain comme toi-même ». Cet ultime verset doit être inscrit dans une dimension spirituelle, non pas sexuelle.

---

[158] - II Timothée, 3, 17.
[159] - I Jean, 4, 8.
[160] - I Samuel (*Shemouel*), 18, 1er.

Le fait pour *Yehonatan* de prêter serment de nouveau à *David* parce qu'il l'aimait de toute son âme[161] n'est pas une manifestation d'homosexualité. *Primo*, la *Torah* proscrit l'homosexualité. *Deuzio*, le terme hébreu « *ahabah* » ne concerne pas seulement l'amour au sens humain, mais aussi l'amour de *Dieu* pour son peuple, attestant ainsi d'un aspect spirituel. Dans le contexte de cette histoire, il n'est nullement question de mise en relief des sens, d'émotions d'ordre homosexuel. « *Ahabah* » concerne l'amour en général, terminologie revêtant des réalités multiples.

« *Ahabah* » provient de la racine primaire « *'ahab* » voulant dire « aimer », l'« amour humain pour les autres », l'« amour familial », l'« amour au sens sexuel », l'« amour pour quelque chose », l'« amour pour *Dieu* », l'« amour de *Dieu* pour les hommes ». La large acception du vocable « *ahabah* » ne certifie nullement que les rapports entre deux hommes soient sexuels puisqu'il couvre plusieurs autres types d'amour.

En replaçant l'histoire susmentionnée dans son contexte afin d'éviter toute fausse interprétation, le terme révèle en la circonstance une forte amitié entre deux individus s'estimant comme des frères. *David* a bien parlé de son frère (« *ahi* ») *Yehonatan* en disant de lui : « …Tu m'étais délicieusement cher, ton amour (« *ahabah* ») plus merveilleux que l'amour des femmes »[162]. En l'espèce, il s'agit d'une manière de montrer l'importance de cette amitié pour *David* sans que cela suppose un passage à l'acte sexuellement parlant. Il s'agissait davantage d'une amitié fraternelle, ce que les grecs appelleraient « *philadelphia* ».

Ainsi, bibliquement, l'expression grecque est employée pour parler de l'« amour des frères ou des sœurs », l'« amour fraternel », l'« amour que les chrétiens portent à chacun comme étant des frères ». Cette notion est familiale et spirituelle. Elle touche aux liens biologiques et/ou aux liens spirituels. Sur ce dernier point, la bible demande que, par amour fraternel, d'être tendres les uns envers les autres en rivalisant d'estime réciproque[163].

Or, la notion d'estime n'implique pas une dimension purement sexuelle. Il s'agit davantage d'apprécier quelqu'un. L'estime se dit en grec « *timê* » constitutif de l'honneur qu'il convient d'accorder à une personne. C'est dans ce sens qu'il faut également examiner l'amour fraternel en tant qu'exigence biblique[164]. Elle implique

---

[161] - I Samuel (*Shemouel*), 20, 17.
[162] - II Samuel (*Shemouel*), 1er, 26.
[163] - Romains, 12, 10.
[164] - II Pierre, 1er, 7.

de s'aimer (« *agapao* ») « les uns les autres » (« *allelous* »)[165] et d'avoir en la matière de la persévérance[166]. L'accès à l'amour fraternel sincère suppose la purification de l'âme[167].

Ce type d'amour n'étant pas sexuel, on peut alors comprendre que la relation entre *David* et *Yehonatan* ne l'était pas non plus. En conséquence, convient-il de faire très attention aux interprétations falsificatrices.

Les esprits séducteurs et les doctrines de démons - L'apôtre *Paul* a dénoncé les esprits séducteurs et les doctrines de démons prescrivant notamment de ne pas se marier[168]. Les esprits séducteurs et les doctrines de démons sont contre les mariages tels qu'établis par la parole de *Dieu*. Ils vont susciter l'impudicité, l'adultère, la pornographie, l'érotisme, l'homosexualité, la bissexualité, la transsexualité (…) pour maintenir les concernés dans le péché. La prescription de ne pas se marier résulte d'un esprit séducteur et constitue une fausse doctrine visant à instaurer des barrières relatives au mariage hétérosexuel.

Mais, ce passage ne concerne pas le mariage adultère, incestueux ou polygame qui reste bibliquement interdit. L'incitation au mariage concerne bien le mariage au sens biblique liant un homme et une femme. Si le principe du mariage hétérosexuel est de rigueur, en revanche le mariage homosexuel et sa promotion résultent d'esprits de séduction.

La séduction apparait comme une porte d'accès à l'ennemi qui, non seulement voudra dominer les individus séduits, mais encore les lier aux « doctrines de démons ». Or, parmi les esprits séducteurs généralement mentionnés conduisant à la débauche, il y a la sirène des eaux, les esprits incubes et succubes. Parmi les doctrines de démons, les doctrines « *jézabéliques* » sont les enseignements caractérisés notamment par les fausses prophéties et par l'incitation à s'alimenter d'aliments impurs, à l'instar de la commission de toute forme de débauche[169].

Les doctrines de démons et les esprits séducteurs viennent susciter des interprétations fallacieuses des écritures pour encourager les pratiques sexuelles anti-bibliques en ouvrant l'accès aux esprits impurs.

---

[165] - I Thessaloniciens, 4, 9.
[166] - Hébreux, 13, 1er.
[167] - I Pierre, 1er, 22.
[168] - I Timothée, 4, 1er à 3.
[169] - Apocalypse, 2, 20.

2°/ La rupture avec certaines pratiques scientifiques

La parole de *Dieu* relève l'intérêt de rechercher la vérité biologique d'autant qu'une certaine confusion scientifique peut se manifester.

La recherche de la vérité biologique - Un enfant ne connaissant pas ses parents biologiques sera parfois enclin à rechercher qui ils sont et ce, pour régler son problème identitaire. Déjà, en dehors de toute manipulation génétique, le choix de *Mosheh* a dû s'effectuer entre une mère adoptive et sa mère biologique. La levée de l'option a été finalement réalisée par l'intéressé lui-même qui renonça à être fils de la fille de *Pharaon*, reniant son statut de prince d'*Egypte* et priorisant la vérité biologique par rapport à la filiation adoptive[170].

Cette exigence de vérité gouverna aussi la décision de *Shelomoh* quand lui furent présentées deux femmes revendiquant chacune la maternité d'un même enfant. Biologiquement, deux femmes ne peuvent être mères d'un même enfant. Il a alors fallu que, dans son jugement, ce roi fasse recours au test de l'épée représentative de la parole de *Dieu* qui va trancher, non pas l'enfant, mais le litige. La révélation de la vérité va servir à déterminer l'identité de la véritable mère. L'acceptation d'être privée de son enfant dès lors qu'il est en vie constitue une belle preuve d'amour maternel[171].

Ces deux histoires mettent en évidence la primauté donnée à la vérité biologique plutôt qu'à une construction mensongère. L'attachement à la vérité biologique a une grande importance pour *Dieu* et, dans les relations interhumaines, devrait normalement recevoir la priorité. En somme, l'adoption dans les rapports interhumains pourrait intervenir en tant qu'*ultima ratio* comme ce fut le cas de celle d'*Hadassa* par *Mordokaï*. Néanmoins, le rapport adoptif existe aussi entre *Dieu*, l'adoptant et le croyant, l'adopté bénéficiaire du plan de salut.

La preuve de l'intérêt de la vérité biologique se retrouve dans le livre des Psaumes (*Tehillim*), 139, 16. La version originale déclare : « Mon embryon (« *golem* »), ont vu tes yeux... ». Le « *golem* » est une « masse d'argile », une « masse informe », un « cocon ». Il traduit l'idée d'une éclosion de vie. Le « *golem* » se développe dans une terre que constitue normalement la mère véritable.

---

[170] - Hébreux, 11, 23 et 24.
[171] - I Rois (*Melakhim*), 3, 16 et s.

Le psalmiste a reconnu que les yeux de *YHWH* ont vu tout ce qui se fait depuis le stade embryonnaire. C'est un état de construction non abouti, non encore à l'état d'achèvement. On est là dans un commencement de vie avec une substance incomplète. En somme, *YHWH* a la connaissance profonde des conditions du déroulement de la grossesse au plan interne au point que l'infinitésimal ne lui échappe pas. Avec un regard microscopique, il observe avec attention toutes les manipulations scientifiques et génétiques. Si celles-ci visent à construire des familles sur le fondement de l'homoparentalité, il ne fait pas de doute que l'objectif poursuivi traduit l'esprit dans lequel ces constructions sont faites.

La confusion scientifique - L'engendrement artificiel et l'adoption homosexuelle soulèvent des questions éthiques majeures. *Primo*, l'appel à la PMA, à l'AMP, à la GPA, à l'insémination artificielle, à la fécondation *in vitro* recourant aux spermatozoïdes, aux ovocytes ou aux embryons issus d'un don n'est pas naturel. En effet, ces manipulations impliquent une œuvre d'extraction. *Deuzio*, certains droits nationaux autorisent l'emploi de ces techniques scientifiques pour permettre à deux femmes ou à deux hommes d'établir un lien de filiation malgré l'impossibilité pour les personnes de même sexe de procréer eu égard aux relations homosexuelles développées. Dans ces conditions, de telles promotions de constructions de vie artificielles n'ont nullement procédé de la volonté divine, mais de celle des hommes.

Les interrogations sur le père ou la mère dans un contexte de l'homoparentalité, sur l'enfant, sur les constructions familiales d'inspiration anti-biblique subsistent en cas de volonté exprimée d'employer des moyens techniques perfectionnés. Parfois, certaines situations conduisent à la tragédie.

Ainsi, selon les médias, deux lesbiennes qui, vivant en couple aux *Etats-Unis*, requirent un enfant aux yeux bleus dans le cadre d'une programmation génétique. A cet égard, une banque de spermes avait fourni la semence qui, une fois implantée, fit évoluer l'ovule en embryon puis en fœtus dans le ventre de la femme fécondée. L'autre femme du couple homosexuel ne pourrait être la mère biologique.

Et surprise ! Un enfant noir sortit du ventre de la femme fécondée à cause d'une « erreur ». L'explication s'avère surprenante. Les échantillons n° 380 et n° 330 répondaient à des critères distincts dans le choix de programmation. Le but de la programmation génétique visait à établir au profit de deux personnes homosexuelles une filiation nouvelle. L'erreur a conduit en fait à dévier du profil génétique voulu et a engendré une confusion liée à la construction artificielle d'une famille ne répondant nullement aux critères bibliques. Cette erreur humaine n'était-ce pas un moyen pour l'*Eternel* d'interpeller les intéressées puisqu'il parle tantôt d'une manière tantôt d'une autre ?

En somme, le recours aux techniques médicales peut avoir des conséquences considérables au point d'interpeller la conscience de personnes concernées. Cela génère des possibilités de déviances et d'erreurs en construisant des familles sur la base de procédés artificiels. Dans ces circonstances, les techniques médicales viennent donner davantage de force à l'homosexualité pour asseoir l'abomination. Bibliquement, approuver l'homosexualité, la soutenir d'une manière ou d'une autre, engendre le risque d'être condamné selon les propos de l'apôtre *Paul*, sous réserve de la repentance.

Section II – Vers une restructuration de l'être intérieur

La restructuration intérieure s'inscrit dans une œuvre de sanctification car la bible requiert, pour l'individu venant à *Dieu*, de se purifier de toute souillure de la chair (« *sarkos* ») et de l'esprit (« *pneumatos* »), impliquant l'achèvement de la sanctification dans la crainte de *Dieu*[172]. Cette transformation intéresse la guérison de l'âme (§ 1) et la délivrance spirituelle (§ 2).

§ 1 – La guérison de l'âme

La guérison de l'âme est l'un des objectifs poursuivis par la parole de *Dieu* (A). Chez l'homosexuel, il s'agit d'un processus de guérison singulier (B).

A – La guérison intérieure de l'homosexuel

L'appréciation de l'étendue de la guérison intérieure (1) s'effectue selon des modalités particulières (2). Au surplus, il y a la rupture des liens d'âme (3) et le cas singulier du viol homosexuel (4).

1°/ Le champ de la guérison intérieure

Le champ de la guérison intérieure concerne le « *psukhê* ». A cet égard, il convient d'examiner les souffrances de l'homosexuel et sa fragilité émotionnelle.

---
[172] - II Corinthiens, 7, 1er.

L'étendue de la guérison intérieure - La guérison s'opère au moyen de la conversion, condition incontournable et acte premier orientant l'homosexuel vers une destinée spirituelle nouvelle. Elle suppose la conscience du péché, son aveu et le détournement du mauvais chemin.

Lorsqu'une personne a vécu pendant des années dans une logique d'homosexualité, la délivrance complète n'est pas forcément instantanée. Au-delà de l'arrêt des pratiques concernées, la guérison du cœur visera à enlever notamment la corruption interne psychique et spirituelle, les modes de pensée, de fonctionnement ou encore de vie.

Ainsi, le travail effectué dans l'âme passe par une bataille à emporter sur les pensées, les désirs et les sentiments incompatibles avec la parole de *Dieu*. Le but est le bannissement des modalités d'expression internes (pensées, fantasmes, passions, convoitises...) et externes (manière de marcher, de parler...) de l'homosexualité. L'état psychique et les attitudes du corps seront autant travaillés par le *Seigneur* en plus de la délivrance spirituelle.

L'homosexualité se singularise par une rupture entre deux réalités, l'une biologique et l'autre psychique. La bible promeut l'orientation des désirs vers l'époux ou l'épouse de sexe opposé[173]. Il s'agit de garantir une direction du désir dans un cadre sanctifié. Face à l'impératif du respect du principe d'exclusivité en matière conjugale, le désir sexuel doit se tourner uniquement vers l'épouse concernant le mari et vers l'époux concernant l'épouse. L'hétérosexualité s'accompagne de la réciprocité, de l'unité et de l'exclusivité en matière conjugale.

Par contre, dans le cadre homosexuel, il y a une inversion de l'orientation des pensées, des désirs et des sentiments. Ceux-ci vont se porter vers une personne de même sexe. D'ailleurs, l'« inversion » ou l'« inversion sexuelle » est une « déviation de la sexualité par laquelle une personne n'éprouve de l'amour ou du désir que pour une personne de son sexe ». En somme, la vérité biologique qui devrait conduire un individu à être attiré par une personne de sexe opposé selon la volonté divine entre en collision avec une réalité psychique distincte incitant l'homosexuel à aller vers un partenaire de même sexe.

---

[173] - Genèse (*Berechit*), 3, 16 ; Cantique des Cantiques (*Shir Hashirim*), 7, 11.

Devant ce hiatus caractérisé par le désir de l'âme d'entretenir des relations contre-nature, l'esprit de l'homme n'est pas en mesure de résister à la tentation s'il reste assujetti au mensonge, à l'idolâtrie et à l'esprit d'égarement. Seul le *Saint-Esprit* associé à l'esprit de l'homme permet de faire comprendre les choses[174] et de remettre de l'ordre intérieurement. La difficulté est encore plus grande que les passions, les convoitises, les sentiments agissent dans l'âme des concernés. Chez l'homme « *psukhikos* », la propension de l'âme à vouloir étouffer l'esprit en cas d'homosexualité montre que celle-là agit en totale inadéquation par rapport à la conduite requise bibliquement.

De surcroît, le comportement de la chair (« *fronema tês sarkos* ») s'oppose à *Dieu* et, à la loi de *Dieu*, la chair n'est pas soumise et en est incapable[175]. Le comportement de la chair traduit une réalité intérieure exprimée par un désir charnel qu'il convient de ne pas réaliser[176]. Autant le comportement de la chair s'associe au désir de la chair pour manifester le désordre et le dérèglement, autant la volonté de l'*Esprit* consiste à rétablir l'ordre divin. Or, la croix est incontournable pour passer des œuvres de la chair à celles de l'*Esprit*. Chaque composante de l'être humain (esprit, âme et corps) doit être à sa place.

Les souffrances de l'homosexuel - Les études réalisées montrent que certains homosexuels, probablement à cause de la honte, vivent le refoulement consistant à garder les choses pour soi. La honte produit un repli sur soi-même, un comportement effacé, rejeté. Mais, cette réalité de souffrance tire sa source du péché.

L'homosexualité produit souvent une mauvaise estime de soi au point de provoquer l'auto-rejet. Les blessures intérieures peuvent être causées par le péché, par l'importance donnée au regard des autres sur soi et l'interprétation qui en est fait, par les rejets, le sentiment d'être incompris, celui d'injustice, celui de se sentir stigmatisé (sentiment d'être accusé). En effet, une personne homosexuelle voulant s'en sortir se trouvera bloquer à cause de ces états d'âme. Or, on verra plus en avant que la réponse adéquate réside dans la purification de l'âme.

Par ailleurs, certaines personnes voulant sortir de l'homosexualité ont de grandes difficultés à y parvenir car un composant de douleur subsiste dans l'acceptation du fait d'être homosexuel. Cette acceptation entraine la résignation, une absence de

---

[174] - Job (*Iyov*), 32, 8.
[175] - Romains, 8, 7.
[176] - Galates, 5, 16.

volonté de se battre cantonnant l'individu concerné à un positionnement statique, un engluement dans le péché en raison d'un sentiment d'impuissance.

Pourtant, l'apôtre *Paul* a bien expliqué le sentiment d'impuissance du pécheur. L'intéressé ne comprend pas ce qu'il fait, ce qu'il ne veut pas il le fait et il déteste ce qu'il réalise[177]. Le péché produit trois liens : la réalisation d'une chose incomprise, celle d'une chose non souhaitée et enfin celle d'une chose détestée. De ce fait, il y a une rupture entre l'action et la compréhension, entre l'action et la volonté et entre l'action et le goût. Le mal-être affecte la compréhension, la volonté et le goût. Une personne aspire à comprendre ce qu'elle fait, à réaliser ce qu'elle souhaite et à aimer ce qu'elle fait. Mais, pour l'individu voulant s'en sortir la honte, le rejet, le sentiment d'impuissance, le dégoût distordent l'âme, produisant ainsi des blocages importants.

Devant une double loi, celle de l'entendement et celle agissant dans les membres rendant prisonnier de la loi du péché[178], il n'y a qu'une seule solution face à son infortune pour recevoir la délivrance de ce corps de mort[179]. C'est *Christ* qui a la capacité de le faire[180] en enlevant la culpabilité liée au péché[181] et en condamnant le péché dans la chair[182]. En somme, s'il n'y a pas condamnation du péché, le pécheur meurt avec le péché.

La première victoire que pourraient remporter certains homosexuels passe par le refus de la fatalité susceptible d'empêcher la repentance elle-même. Une fois le blocage levé, la « *metanoïa* » pourra produire son plein effet. L'homosexuel devra alors changer de position, de décision, d'attitude. En hébreu, « *nakham* » renvoie à la conséquence du changement de direction, à savoir le soulagement subséquent à la confession et à l'arrêt des péchés. Or, la souffrance homosexuelle étant liée au péché, celle-ci est enlevée par l'aveu et le délaissement des fautes inhérentes à l'homosexualité (pratiques, mariage, pensées, convoitises, passions, sentiments…attachés à cet état).

Si le regard médical pose la « souffrance homosexuelle » dans l'optique de la santé mentale, le regard biblique diffère. Constatant les dégâts causés par l'homosexualité, la médecine va relever les dépressions, les troubles anxieux, les phobies sociales, les idées ou tentatives suicidaires, la forte dégradation de l'image de soi, les peurs, les

---

[177] - Romains, 7, 15.
[178] - Romains, 7, 23.
[179] - Romains, 7, 24.
[180] - Romains, 7, 25.
[181] - Romains, 8, 1er.
[182] - Romains, 8, 3.

angoisses avec une tendance à la victimisation. Mais, elle n'évoque pas le caractère pécheur de l'homosexualité. Or, la délivrance implique au départ la reconnaissance des péchés en amont avant d'en traiter les répercussions en aval.

La fragilité émotionnelle chez les homosexuels - Les travaux scientifiques ont permis de souligner chez les gays, lesbiennes et bisexuels des risques en matière de santé mentale. La traduction spirituelle de cela réside dans le fait que le bon sens de l'individu concerné se trouve altéré, comme l'a d'ailleurs indiqué l'apôtre *Paul*. Par rapport aux hétérosexuels, on remarque chez les homosexuels un taux élevé de troubles dépressifs, anxieux et de l'humeur, de la panique et une morbidité des troubles mentaux chez certaines minorités sexuelles.

Certains homosexuels masculins seraient même exposés aux troubles bipolaires, aux troubles obsessifs-compulsifs et d'agoraphobie, aux idées suicidaires et tentatives de suicide. Des troubles importants de la personnalité sont constatés et associés au vécu de rejets, de discriminations, de préjugés causant une faible estime de soi et corrélativement, une tendance à l'agressivité.

En somme, l'homosexuel aura besoin de guérir de tous ces états d'âme. Pour cela, il devra se repentir de son péché, mais encore pardonner ceux qui l'ont blessé à cause des rejets, discriminations, préjugés (…). De plus, l'offense est d'autant plus pardonnée par *Dieu* que l'individu lui-même pardonne les offenses commises par d'autres à son encontre. Donc, pour recevoir le pardon, l'individu doit également pardonner. Il s'agit là d'une piste intéressante visant à initier la démarche de reconstruction émotionnelle afin de guérir des pensées, des passions, des convoitises, des sentiments non bibliques.

L'objectif de *Dieu* est de rendre l'individu inébranlable. « Le *Dieu* de toute grâce, vous ayant appelés à sa gloire éternelle en *Jésus-Christ*, ayant souffert un peu de temps, lui-même vous rétablira, vous affermira, vous fortifiera et vous donnera un fondement »[183]. Il est fort probable qu'un temps de souffrance peut s'avérer utile pour le perfectionnement de l'individu ainsi travaillé par la parole de *Dieu* et le *Saint-Esprit*.

2°/ Les modalités de la guérison intérieure

---

[183] - I Pierre, 5, 10.

La guérison intérieure concerne les pensées, les convoitises, les passions et les désirs des uns envers les autres.

La sanctification des pensées - La détention de la pensée de *Dieu* est conditionnée par un processus de renouvellement de l'intelligence[184]. S'abstenir des débauches, des passions, des désirs, des convoitises, des émotions et sentiments d'ordre homosexuel suppose une transition des pensées mauvaises vers la pensée divine.

Dans l'épître aux *Romains*, l'apôtre *Paul* a rejeté l'homosexualité dans toutes ses formes et dimensions pratiques, psychiques et spirituelles. Une condamnation sans réserve a été faite à propos des attitudes corporelles contre-nature, des états de l'âme et de l'origine spirituelle de tels comportements. Ce même serviteur de *Dieu* distingue dans la première épître aux *Corinthiens* l'homme « *psukhikos* » (naturel ou animal), l'homme « *pneumatikos* » (spirituel) et l'homme « *sarkikos* » (charnel), affirmant notamment « nous avons la pensée (« *noûn* ») de *Dieu* »[185].

<u>L'homme « *psukhikos* »</u> - Parce que l'homosexualité procède d'une origine spirituelle et produit ses effets en matière psychique et corporel, il importe de réfléchir sur l'intérêt et l'impératif de la transformation de l'être humain. L'homme naturel fondé sur ses instincts, ses pensées propres, veut construire sa vie indépendamment de *Dieu*.

Un exemple de construction personnelle sans *Dieu* se trouve dans l'histoire de *Qayin* qui, après avoir tué son frère, alla habiter dans le pays de *Nod*, à l'est de l'*Eden*. Il ne jouissait pas des délices inhérents à l'*Eden* représentatif d'une atmosphère liée à la présence de *Dieu*, mais il était plutôt dans une dimension attachée à *Nod* à savoir l'« exil », la « fuite », l'« errance », l'« égarement », le « vagabondage »[186]. Ainsi, il eût une femme et un fils *Hénok* (en hébreu « *Hanok* ») et il bâtit une ville en lui donnant le nom de son fils[187].

Or, au travers de toutes les revendications juridiques (égalité des droits, liberté, évolution des droits fiscaux, sociaux, successoraux...) et des avancées scientifiques, les homosexuels tendent à s'appuyer sur ces choses pour construire leur vie dans une dimension spirituelle équivalente au pays de *Nod*, c'est-à-dire de manière éloignée du créateur. Cela est le propre de l'homme « *psukhikos* » exprimant des velléités de construction de vie indépendante de *Dieu*.

---

[184] - Romains, 12, 1ᵉʳ et 2.
[185] - I Corinthiens, 2, 16.
[186] - Genèse (*Berechit*), 4, 16.
[187] - Genèse (*Berechit*), 4, 17.

« *Psukhikos* » vient de « *psukhê* », à savoir la « vie », l'« âme ». Il renvoie au « moi », à l'*égo*. La construction du « moi » sans *Dieu* fait que l'homme naturel vit selon ses sens, ses désirs, ses pulsions, ses instincts. Son âme est mise en avant et fait fi de la volonté de *Dieu*. Sa vie émotionnelle intense est marquée par des pensées, des passions, des convoitises déviées de l'objectif de sanctification. L'intéressé(e) va développer des attitudes et des constructions de vie singulières.

Le « *psukhikos* » est celui qui, n'invoquant pas *Dieu* et/ou ne croyant pas en lui, s'adonne aux pratiques abominables rejetant purement et simplement la parole de *Dieu* pour réaliser, pour certains, des actes sexuels contre nature.

<u>L'homme « *sarkikos* »</u> - L'homme charnel (« *sarkikos* ») connaît les éléments de base de la parole de *Dieu* mais, petit enfant, il boit du lait[188]. Cette personne non affermie manifeste une telle fragilité marchant au gré des doctrines au risque de basculer dans la compromission. Il y a des individus tombant dans le piège, la pensée étant enténébrée comme l'indique l'apôtre *Paul*[189]. Parmi eux, il y a de ceux qui admettent des doctrines favorables à l'homosexualité.

Ainsi, le « *sarkikos* » connaît les rudiments de la parole de *Dieu*, mais risque de se laisser séduire en s'orientant vers l'homosexualité. Il dit croire en *Dieu*, cependant il peut être imprégné de fausses doctrines, de séduction (effet de mode…), dominé par l'esprit du monde, non par l'*Esprit de Dieu*. En la matière, la porte d'accès peut être une fausse doctrine liée à un esprit de séduction qui vient alimenter chez les concernés la pensée de pratiquer l'homosexualité.

<u>L'homme « *pneumatikos* »</u> - L'homme spirituel juge de tout et n'est jugé par personne[190]. Le « *pneumatikos* » est par essence celui qui a l'*Esprit* et est spirituellement perspicace. Le verbe « *anakrino* » traduit par « juger » a pour sens « examiner minutieusement », « passer au crible », « faire des recherches », « s'enquérir de », « étudier », « interroger », « questionner », « estimer », « déterminer (l'excellence ou les défauts d'une personne ou d'une chose) ». En somme, l'appréciation spirituelle est perspicace et dénuée de tout faux jugement. Le discernement entre le bien et le mal et celui des esprits sont accrus afin d'opérer les bons choix.

---

[188] - I Corinthiens, 3, 1er et 2.
[189] - Romains, 1er, 21.
[190] - I Corinthiens, 2, 15.

De la convoitise à la volonté de Dieu - Passer de la convoitise à la volonté de *Dieu* suppose une souffrance dans la chair car celui qui a souffert dans la chair a rompu avec le péché[191]. L'objectif est de ne plus marcher selon les convoitises des hommes, mais selon la volonté de *Dieu* pendant le temps qui reste à vivre dans la chair[192].

En clair, l'homosexuel doit arrêter de marcher selon les convoitises charnelles pour accomplir la volonté de *Dieu*. Il est suffisant d'avoir dans le passé accompli la volonté des païens, ayant notamment marché dans les débauches (« *aselgeiais* »), les convoitises (« *epithumiais* ») et les idolâtries déréglées (« *athemitois eidololatriais* »)[193]. L'impératif d'abstention des convoitises charnelles réside dans le fait qu'elles font la guerre à l'âme[194].

Ainsi, pour que le péché ne règne pas dans le corps mortel, il convient de ne pas obéir à ses convoitises et plutôt de disposer son corps non comme des armes d'injustice pour le péché, mais comme des armes de justice pour *Dieu*[195]. Le refus d'obéir aux convoitises est l'une des expressions de la résistance à la tentation. L'objectif est d'éviter la domination du péché par l'effet de la grâce[196].

De la guérison par rapport aux passions - La volonté de *Dieu* est la marche dans la sanctification en s'abstenant de la débauche[197]. Elle exclut les « passions du désir » (« *pathei èpithumias* ») auxquelles s'adonnent les païens ne connaissant pas *Dieu*[198]. L'individu passionné devra requérir la maitrise de soi, homosexuel ou non.

Les « passions du déshonneur » auxquelles s'adonnent les homosexuels renvoient à ce qui fait honte. Face à cette honte causée par le péché, la parole de *Dieu* accorde un puissant moyen de guérison en répudiant « les secrets de la honte »[199]. En effet, à cause de la honte, un individu aura tendance à cacher son péché ou à se cacher comme l'a fait *Adam* connaissant qu'il était nu. Or, selon un « *maskil* » de *David* : « Quand je me taisais, s'usaient mes os dans mon rugissement tout le jour »[200]. Parler entraine la délivrance et l'aveu est une étape incontournable du « *nakham* »,

---

[191] - I Pierre, 4, 1er.
[192] - I Pierre, 4, 2.
[193] - I Pierre, 4, 3.
[194] - I Pierre, 2, 11.
[195] - Romains, 6, 12 et 13.
[196] - Romains, 6, 14.
[197] - I Thessaloniciens, 4, 3.
[198] - I Thessaloniciens, 4, 5.
[199] - II Corinthiens, 4, 2.
[200] - Psaumes (*Sepher Tehillim*), 32, 3.

soulagement produit par la confession de la faute. L'aveu doit être accompagné de l'abandon des péchés.

En faisant cela, il y a une orientation vers le déblocage pour surmonter les peurs par rapport notamment au qu'en-dira-t-on, aux réactions parentales, sociales, à la difficulté à se pardonner d'avoir pratiqué l'homosexualité. Face à la culpabilisation du fautif, en venant à *Christ*, il obtiendra la délivrance concernant la peur, le non-pardon vis-à-vis de soi et le sentiment de culpabilité particulièrement.

Les désirs les uns envers les autres - L'apôtre *Paul* a clairement indiqué l'existence de désirs les uns envers les autres chez les homosexuels. Or, la bible requiert le rejet des mauvais désirs ce qui implique un travail divin essentiel dans le cœur des intéressés. En effet, c'est du cœur que viennent les mauvais désirs. Il conviendrait alors que les concernés sollicitent la purification de leur cœur dans leur prière. Le *Notre Père* invite à demander par ce moyen la délivrance du mal.

3°/ La coupure des liens de l'âme

Les pensées, les forteresses de raisonnement, les désirs, les passions, les convoitises, les émotions ou les sentiments sont des aspects psychiques impliquant l'intérêt de rompre les liens négatifs de l'âme. Parmi les liens psychiques, il y a ceux développés depuis le ventre de la mère et l'existence de l'homosexualité incestueuse dans certains cas.

Les incidences possibles des liens existant depuis le ventre de la mère - Par définition, les liens utérins présents depuis le vendre de la mère ne résultent pas d'un quelconque prédéterminisme, contrairement à ce qui a pu être annoncé dans le domaine scientifique en matière d'homosexualité. La bible ne parle aucunement d'une « prédestination » à être homosexuel. Les personnes que *Dieu* a connu d'avance sont prédestinées à être conformes à l'image du *Fils de Dieu*[201]. Cette image exclut bien évidemment l'homosexualité.

Par conséquent, le fait pour certains d'avancer un prédéterminisme en la matière est totalement erroné car cela ne correspond pas à l'ordre originel tel qu'établi par le créateur. Cependant, cela ne doit pas être un argument pour occulter la possibilité de distorsion dès le ventre de la mère avec une perspective de destruction de la vie ou de l'avenir de l'enfant.

---

[201] - Romains, 8, 29.

Cette problématique est en exergue en présence d'une mère qui, ayant eu un désir d'un enfant de sexe particulier, a finalement eu un enfant de sexe autre. Au-delà de la déception, il convient de surmonter cette situation par l'acceptation de la vérité en tenant compte du sexe réel de l'enfant, non du sexe espéré. La vérité de la conception est celle qui prévaut à la naissance.

Il est à s'interroger sur les influences du désir de la mère sur l'enfant lors de la gestation. Souvent, la mère souhaitant une fille et ayant finalement un garçon, verra l'enfant développer une féminité et des comportements efféminés à cause du désir initial qu'elle avait dans le cœur. Par ailleurs, la femme désireuse d'un garçon et obtenant finalement une fille aura un enfant avec peu de féminité (garçon manqué).

Dans un cas comme dans l'autre, la délivrance passe par l'acceptation par la mère de la vérité biologique première afin de ne pas se focaliser continuellement sur une volonté déçue, sur une tristesse et sur le mensonge. Une fois la vérité biologique acceptée, prier pour l'enfant pour couper ces liens est tout aussi important. Cette manière de procéder est essentielle et peut se réaliser dès les résultats de l'échographie, lorsque l'enfant est toujours dans le ventre de la mère, réserve faite qu'il n'y ait pas d'erreur quant à la détermination du sexe. C'est pourquoi cette démarche spirituelle peut s'opérer aussi au sortir du sein maternel. La vérité psychique doit être conforme à la vérité biologique.

Cette précaution est importante même si, dans une telle situation, l'orientation homosexuelle n'est pas automatique en la matière. Néanmoins, face à un terrain favorable, il faut faire très attention à ces situations pour éviter une potentielle évolution vers l'homosexualité dans l'avenir. En somme, il est préférable de régler la question des liens utérins en amont plutôt que de devoir les gérer en aval avec des conséquences souvent désastreuses.

L'homosexualité incestueuse - L'homosexualité incestueuse permet de relever non seulement une problématique générale, mais encore les questions particulières du viol homosexuel dans le cadre incestueux et de la spécificité de certaines législations.

<u>*Le cadre général*</u> - L'homosexualité incestueuse cumule des liens d'homosexualité et d'inceste. Il arrive que des pères, mères, oncles, tantes, cousins ou cousines pratiquent incestueusement l'homosexualité. Les relations sexuelles incestueuses en abomination à *YHWH* se couplent alors avec l'homosexualité.

Interdit biblique depuis la *Torah*, l'inceste consiste à avoir des relations sexuelles dans le cadre familial. En latin, « incestum » est la « souillure » et « *incesto* », c'est « rendre impur ». « *Incestus* » est formé de « *in* », un négatif et de « *castus* », « chaste ». Le terme désigne une relation sexuelle entre membres proches d'une même famille.

« Chaste » renvoie à ce qui est pur, pudique, décent, vertueux. Ce vocable s'oppose au débauché, au dissolu, à l'impudique, à l'impur, au licencieux, au lubrique, au luxurieux, à l'obscène. Il y a donc dans l'inceste une vulgarité et une atteinte aux bonnes mœurs.

Généralement, l'inceste est un tabou. Mais, parce qu'il s'agit d'une interdiction biblique, sa transgression produit la honte, particulièrement pour la victime. Cette atteinte aux mœurs fait qu'il y a un regard social particulier. Face à cela, l'auteur de l'inceste voudra dissimuler les actes incestueux.

<u>Le viol homosexuel et incestueux</u> - En cas de rapport contraint, l'auteur a tendance à imposer à la victime le silence en lui interdisant de révéler la vérité sous peine de représailles. Le dominateur voudra culpabiliser sa victime en lui faisant croire que cela est de sa faute. Il y aura une pression et une omerta constatées dans ces conditions. Ce sont là des suggestions coercitives.

Mais, au-delà de ces pressions, l'inceste s'accompagne parfois de brutalités, d'agressions sexuelles prenant la forme d'un abus sexuel sur mineur. Or, en cas de viol, le commettant va vouloir piéger sa victime en inversant la conception du bien et du mal, lui faisant accroire que si elle n'acceptait pas la relation homosexuelle, ce serait mal. Dans un tel schéma, une perversion psychique et spirituelle existe. Elle est liée au mensonge.

Cette pression et cette oppression sont l'expression d'un esprit de contrôle et de domination chez le violeur incestueux. La contrainte associée à la loi du silence tient à une attitude de prédation visant à instaurer la peur. Pour asseoir sa domination, le violeur va employer des techniques de menaces et d'accusations. Le parent dominant et violeur va chercher à culpabiliser la victime plus jeune (domination psychique) ou à faire du chantage (usage de la domination économique dans le foyer, chantage affectif…).

Par essence, l'inceste est un acte commis sur des mineurs dans la famille par un ascendant, un frère, une sœur ou par toute autre personne membre de la famille ayant sur la victime une autorité de droit ou de fait.

A ce propos, la bible évoque deux modalités d'intervention. L'une tient au recours aux magistrats[202], à ce que la justice se réalise par le truchement d'instances judiciaires au titre de la condamnation pénale. La personne violée va solliciter réparation et justice dans la mesure où *Dieu* ne prend pas l'innocent pour coupable ni le coupable pour innocent.

L'autre modalité d'intervention va davantage concerner la guérison des blessures pour la victime et la délivrance du violeur. En effet, l'enfant abusé aura les sentiments de honte, de culpabilité, d'incapacité, d'injustice et aura des peurs, des angoisses. Il se sentira faussement responsable de la situation et aura une faible estime de soi, une faible confiance en lui-même. L'identification de ces problèmes psychiques conduit la victime vers la guérison de l'âme.

Dans le cadre hétérosexuel, le viol subi par *Tamar* et commis par son demi-frère *Amnon* montre que cette atteinte à l'intégrité de cette femme s'est accompagnée du sentiment d'être souillée et du déshonneur supporté par la victime[203]. Or, parallèlement, on sait aussi que l'homosexualité s'inscrit dans des « passions du déshonneur ». Dès lors, quand une circonstance cumule le viol et l'homosexualité, il y a une double honte. En cas d'actes violents non consentis, la victime est affectée par la relation sexuelle contrainte et contre-nature.

Si l'homosexualité est une abomination (« *to'evah* »), la bible montre que le viol constitue une infamie. En hébreu, l'infamie se dit « *nebalah* », signifiant aussi « disgrâce », « immoralité », « actions profanes », « folie honteuse ». Le terme vient de « *nabal* », à savoir le « fou », l'« insensé », l'« imbécile », le « sot », le « bouffon ».

Alors que la « *to'evah* » met l'accent sur ce qui répugne au sujet de l'homosexualité, en revanche « *nebalah* » renvoie plus à un acte de folie au sujet du viol. Les deux conjugués, on voit que le viol homosexuel apparait comme ce qui repousse, dégoûte et suscite de l'amertume chez la personne victime. Or, si la paix doit être poursuivie avec tous, la sanctification est ce qui garantit le fait de voir le *Seigneur* dans le

---

[202] - Romains, 13, 1ᵉʳ et s.
[203] - II Samuel (*Shemouel*), 13, 12.

futur[204] sachant que la « racine d'amertume » (« *ridza pikrias* ») prive de la grâce de *Dieu*, cause du trouble et infecte la communauté[205].

Si la menace sert à inoculer la peur, le dégoût, la honte, la colère, le sentiment d'injustice, le déshonneur sont autant d'états du cœur touchant l'individu violé. Or, elle ne peut en guérir que par le pardon et les meurtrissures de *Jésus-Christ* de *Nazareth*. La victime du viol homosexuel a d'autant plus honte qu'il peut s'agir d'une personne considérant l'homosexualité comme une pratique abjecte.

Dans les situations d'inceste, d'homosexualité et d'homosexualité incestueuse, la libération de la parole pour mettre un mot sur ses maux est incontournable en vue de la délivrance. Par rapport à l'omerta imposée par l'agresseur, la rupture avec ce système procède de la libération de la parole, ce qu'enseigne la parole de *Dieu*[206].

Le brisement de la loi du silence doit être accompagné du pardon accordé au violeur et à celui sollicité par le violeur. Par ailleurs, le recours aux meurtrissures de *Jésus-Christ* est utile en vue de la guérison des blessures inhérentes aux péchés et aux abus supportés.

Le lien entre l'homosexualité et l'inceste dans le cadre légal - Au prétexte de l'ouverture de droits en faveur des homosexuels, certains pays admettent, même à titre dérogatoire, le lien conjugal entre un oncle et une nièce, une tante et un neveu en étendant cette logique au cadre homosexuel. Or, la loi de *Mosheh* écartait déjà à son époque l'inceste et l'homosexualité masculine chacune respectivement. L'apôtre *Paul* a explicitement étendu cette logique aux homosexuelles. Alors, la délivrance procédera de la rupture des liens incestueux et homosexuels constitutifs de liens de malédiction bien que permise par une règle étatique contraire à la parole de *Dieu*.

Une personne subissant l'inceste et s'étant vue contrainte d'avoir un rapport homosexuel aura le sentiment d'avoir transgressé des interdits, ce qui produit la honte et la culpabilité. De ce fait, *Jésus-Christ* assure à la victime la délivrance par rapport aux sentiments de culpabilité et de honte.

Par ailleurs, quand une règle d'*Etat* transgresse la parole de *Dieu*, il vaut mieux respecter cette dernière que de se soumettre à une loi anti-biblique. Dans cet ordre d'idées, *Daniel* avait refusé de se soumettre à un décret royal, ne voulant pas déplaire

---

[204] - Hébreux, 12, 14.
[205] - Hébreux, 12, 15.
[206] - Psaumes (*Sepher Tehillim*), 32, 1er et s.

à *Dieu* et acceptant de se soumettre à l'ordre divin plutôt qu'à celui du roi. Mis dans une cage aux lions, il en fut délivré[207]. En somme, lorsqu'une loi est contraire à la parole de *Dieu*, l'histoire de *Daniel* montre qu'il vaut mieux obéir à *Dieu* plutôt qu'aux hommes.

Le cas particulier de la personne violée dans le cadre homosexuel - Par définition, la victime d'un viol dans le cadre homosexuel a subi une relation sexuelle non consentie avec une personne de même sexe. L'agresseur commet, dans ces conditions, plusieurs péchés (viol, homosexualité, parfois pédophilie quand la victime est un enfant et inceste en cas de rapport sexuel avec un membre de la famille). On a déjà vu ce qu'il advenait du sort du violeur s'il ne se repent pas.

Concernant la victime d'un viol homosexuel, le sentiment de honte s'associe à la culpabilité et à la tristesse. La victime d'un viol homosexuel devra :

- pardonner son violeur homosexuel dans le cadre incestueux ou non ;
- se pardonner à elle-même pour éviter le rejet de soi liée à la honte ;
- et obtenir en *Jésus-Christ* la guérison des sentiments exprimés dans une telle situation (honte, culpabilité, tristesse, peur, sentiment d'avoir enfreint l'interdit, celui d'avoir été abusé…) au moyen des meurtrissures de *Jésus-Christ* de *Nazareth*.

En somme, la problématique spirituelle est différente selon que l'on se situe du côté du violeur homosexuel ou de celui de la personne violée.

En cas de viol d'un enfant dans un cadre homosexuel, l'*Eternel* va-t-il condamner un enfant ayant subi un rapport homosexuel, sans avoir conscience de ce qu'il faisait à cause de la manipulation de l'adulte ? Outre le risque pénal et spirituel pour le violeur homosexuel d'un enfant, l'enfant influencé en ce sens subit des manipulations, des peurs, des angoisses, des pressions à cause de l'agression ou de la suggestion. La vulnérabilité de l'enfant et son insouciance dans certains cas font qu'il s'agit spirituellement d'une manière de tuer un innocent.

Par ailleurs, l'enfant devra recevoir la délivrance par le brisement d'un joug de domination. L'adulte abuseur voudra imposer une omerta et la délivrance de l'enfant passera par la libération de la parole. Mais, pour pouvoir parler, il faut faire confiance

---

[207] - Daniel, 6, 1er et s.

ou être mis en confiance car une personne blessée est encline à se refermer sur elle-même.

L'importance du pardon est cruciale en la matière puisque le violeur aura à effectuer une démarche vers la personne violée en vue de demander pardon à l'offensé et celui-ci, au-delà de l'offense, devra pardonner comme l'exige la parole de *Dieu*. La relation d'aide intervient dans ce cas en vue du traitement des états d'âme paralysants liés aux peurs, à la honte, au manque d'estime de soi…

Il existe aussi des cas où le choc émotionnel produit chez l'enfant un oubli exprimant davantage une peur d'affronter la réalité ou celle de souffrir. Cet oubli traumatique implique que la guérison se fasse par la révélation du *Saint-Esprit* au moyen de la relation d'aide pour que soit remontée l'affliction à la mémoire de l'individu blessé. A ce moment de délivrance, l'individu devra confesser les fautes et les liens psychiques et spirituels et libérer l'agresseur.

4°/ La guérison du rejet chez l'homosexuel

En matière d'homosexualité, le rejet est une conséquence de la désobéissance et résulte aussi de souffrances attachées aux accusations.

Le rejet comme la conséquence de la désobéissance - Le rejet se traduit par un sentiment simple : celui de ne pas se sentir aimé. L'une des causes de l'homosexualité réside dans le fait qu'une blessure peut être à l'origine d'une orientation sexuelle particulière au point de s'enflammer par des désirs, des convoitises et des passions contre nature.

Le fait de ne pas être guéri du rejet produit parfois des transferts affectifs vers une personne de même sexe avec le risque évident d'être de nouveau blessé(e) à cause du péché. La bible indique clairement que le péché est la cause de blessures[208]. *A contrario*, les confesser et les délaisser sont les conditions de la guérison.

Dès lors, le fait de compenser des carences affectives en orientant l'affection vers une personne de même sexe n'est pas une solution adéquate. La présence de *Dieu* fait qu'un individu venant vers *Christ* se trouve inondé de cet amour qui n'est pas purement sensuel, charnel, sexuel, mais spirituel.

---

[208] - Psaumes (*Sepher Tehillim*), 41, 5.

Or, le péché écarte de la présence de *Dieu* ce qui explique que l'homosexuel n'a pas le sentiment d'être aimé puisqu'il n'expérimente pas l'amour de *Dieu* au-dedans de lui. Ce ressenti dominant explique que c'est par le retour vers *Dieu*, le repos que le salut survient en étant tranquille[209]. Parce que l'homosexuel est éloigné de *Dieu*, le fait de venir vers le créateur assure la guérison dans son amour et par son amour.

Le rejet attaché aux stigmatisations - Beaucoup d'homosexuels ressentent le rejet à cause des stigmatisations liées aux accusations. La non-conformité à la norme produit une inclination aux discriminations mal vécues par eux car attachées au sentiment de rejet. Pensant répondre à cette problématique, certaines législations ont instauré un système d'infractions visant à sanctionner l'homophobie. En instituant un « délit d'homophobie », elles ont voulu sanctionner légalement les outrages, les insultes et les agressions verbales contre les homosexuels ce qui peut paraître, pour ces derniers, une forme de justice.

Cependant, la sanction pénale contre l'homophobie ne garantit pas la guérison du cœur de l'individu se sentant rejeté, stigmatisé, humilié. L'homophobie évoque le mélange des sentiments de rejet et de crainte chez les intéressés. Aussi, la sanction judiciaire d'une personne arguant de l'homophobie n'entrainera pas *ipso facto* la délivrance du rejet et des peurs vécus par l'homosexuel.

En effet, la mise en place d'un système de sanctions contre l'homophobie sert à établir une justice d'ordre judiciaire tandis que la justice divine vise, de son côté, à guérir le cœur d'un individu stigmatisé et rejeté. La justice rendue judiciairement n'implique pas forcément la guérison de l'intéressé par rapport à cet état d'âme car cela est l'apanage de *Dieu*.

A l'égard de l'homosexuel repenti, la parole de *Dieu* comporte en elle-même les réponses adaptées pour résoudre les problèmes attachés aux souffrances de l'intéressé. Ainsi, la guérison par rapport aux stigmatisations, aux rejets subis se réalise par le truchement des meurtrissures de *Jésus-Christ* de *Nazareth*[210].

Dès lors, le comportement spirituel adéquat ne consiste pas en toute sorte d'agression, de rejet à l'encontre des personnes homosexuelles. En effet, leurs agresseurs n'agissent pas selon le fruit de l'*Esprit* qui requiert notamment l'amour, la paix, la joie, la patience, la foi, la douceur, la maitrise de soi[211]. La sagesse vise à ne

---

[209] - Esaïe (*Yeshayahou*), 30, 15.
[210] - Esaïe (*Yeshayahou*), 53, 5.
[211] - Galates, 5, 22.

pas agresser un pécheur sachant que l'agression est en elle-même un péché de caractère ou est attaché à la violence. Mais, elle offre plutôt des possibilités de guérison intérieure en condamnant le péché en vue de l'enlèvement de la culpabilité liée à ce péché.

B – Le processus de la purification de l'âme chez l'homosexuel

Selon la bible, « vos âmes, ayant été purifiées par l'obéissance à la vérité pour un amour fraternel sans hypocrisie, d'un cœur pur, les uns envers les autres, aimez-vous intensément, ayant été engendrés de nouveau non d'une semence corruptible, mais incorruptible par la parole vivante de *Dieu* et permanente »[212]. Cet extrait est pertinent pour la délivrance psychique de l'être humain, y compris homosexuel. Elle passe par l'obéissance à la vérité (1), l'accès à l'amour (2), la purification du cœur (3), le rejet d'une semence corruptible en vue d'une incorruptible et par le truchement de la nouvelle naissance (4).

1°/ L'obéissance à la vérité

L'origine mensongère de l'homosexualité appelle au rétablissement de la vérité par une déprogrammation et une reprogrammation corrélative.

Le processus de déprogrammation et de reprogrammation - La déprogrammation consiste à enlever les systèmes de pensées liés à l'homosexualité. Par l'action de *Christ*, avec l'aide de prières, les pensées, fantasmes, passions, convoitises, désirs, sentiments et émotions manifestant un lien d'homosexualité sont bannis. La déprogrammation vise à ôter non seulement le sentiment amoureux homosexuel en lui-même, mais encore les constructions encourageant l'homosexualité.

Ensuite, une reprogrammation va consister à inculquer la pensée de *Dieu* dans le cœur en vue d'une réelle conversion. Le schéma mental de l'ancien homosexuel se déconstruit progressivement en vue d'une construction nouvelle sans les déviances antérieures. Le but est de s'abstenir de toute débauche. L'apôtre *Paul* a décrié les pratiques, les constructions et les états psychiques et spirituels liés à l'homosexualité.

Le rétablissement de la vérité - Le processus de la déconstruction/reconstruction se base sur ce principe : « vous connaîtrez la vérité et la vérité vous affranchira »[213]. Le

---
[212] - I Pierre, 1er, 22 et 23.
[213] - Jean, 8, 32.

mensonge impose un carcan et met dans les fers. Le rétablissement de la vérité présuppose en revanche une reconstruction et un regard nouveau porté par l'homosexuel sur lui-même. C'est une nouvelle image de soi qui se construit. Parce que les blessures peuvent parfois être à l'origine de l'homosexualité, notamment eu égard à la considération de soi-même, l'homosexuel repenti doit guérir de la conception qu'il a de lui-même. Lorsqu'une personne ne s'aime pas ou se rejette, elle a tendance à se débaucher et à concevoir son corps comme un objet de néantisation dans une logique autodestructrice. Or, le corps n'a pas été fait pour la débauche, mais pour réaliser la volonté divine[214]. En somme, *Dieu* travaillera dans l'homosexuel repenti l'image de lui-même et la conception qu'il a de son corps.

Le rétablissement de la vérité passe par la confession des péchés, des états d'âme inhérents à l'homosexualité et des approbations tacites ou explicites de l'homosexualité. Un mouvement de l'*Esprit* vers une transformation intérieure sanctifiante commence par l'arrêt de pratiques anti-bibliques et la confession des états de cœur subséquents. Il se confirme par le rejet de fausses doctrines pour s'attacher à la saine doctrine, par l'annulation de mariages homosexuels, par la déconstruction de logiques adoptives ou scientifiques génératrices d'une double paternité ou d'une double maternité. A l'évidence, parce que le péché aura produit des effets collatéraux nombreux, la restauration va toucher non seulement la pratique, mais encore les états d'âme.

Pour les repentants, la déconstruction se caractérise par la « *metanoïa* ». Celle-ci pourrait susciter des modifications d'états civils antérieurement modifiés pour cause de mariage homosexuel. Au sujet de l'enfant, la problématique n'est pas uniquement civile, mais biologique, psychique et spirituelle.

2°/ Aimer aux sens « *agapao* » et « *phileo* »

Le plus souvent, l'homosexuel a non seulement une mauvaise perception de lui-même, mais encore une mauvaise conception de l'amour. Outre le travail à effectuer en matière d'estime de soi, l'objectif divin est d'accéder à une nouvelle forme d'amour.

La distorsion de la vision de l'amour - Selon la terminologie grecque, « *paiderastês* », homosexuel et pédophile comporte « *erastês* » provenant du mot

---

[214] - I Corinthiens, 6, 18 à 20 ; Hébreux, 10, 5 à 7.

« *eros* ». Là, l'individu n'est pas dans les dimensions d'aimer aux sens « *agapao* » et « *phileo* ».

La relation homosexuelle ne peut être considérée comme sanctifiée. L'exigence de ne pas souiller le lit conjugal concernant le couple hétérosexuel s'explique par le fait que *Dieu* jugera les impudiques et les adultères. La simple pratique homosexuelle dans le cadre d'un mariage homosexuel ou en dehors de ce contexte, intègre les souillures et débauches à éviter.

Chez les homosexuels, l'un des motifs de la confusion en matière d'amour découle de ce que l'amour n'est pas un simple sentiment. Aimer est une décision dont le but est d'apporter la liberté au cœur. Cette liberté spirituelle (cœur délivré) n'existe pas quand une personne décide de porter un sentiment amoureux vers une autre de même sexe. En effet, le joug du péché subsiste et agit sur la conscience de l'individu. C'est pourquoi il faut faire attention aux sentiments et aux décisions prises.

Le rétablissement d'une nouvelle forme d'amour - *Dieu* opère une délivrance de l'âme en agissant au niveau de l'instance psychique. Chez l'homosexuel, la démonstration vive de l'amour « *eros* » produit la nécessité d'une purification de l'âme pour pouvoir déployer un amour différent, non vicié. Dans I Pierre, 1er, 22 très important en matière de purification de l'âme, le grec met en relief deux niveaux d'amour distincts de l'amour « *eros* ». La purification de l'âme ne dépend nullement d'une action au niveau « *eros* ».

Dans ce verset, est évoqué l'« amour fraternel sans hypocrisie » (« *philadelphian anupokritos* »). C'est le but de la purification de l'âme. « *Philadelphian* » est structuré autour de deux termes grecs. Primo, « *philia* », l'amour « tendresse », « affection », « rattachement » sans connotation sexuelle, émane du verbe « *phileo* » utilisé pour parler par exemple de l'amour du *Père céleste* envers son fils[215]. Deuzio, « *adelphos* » est le « frère ». Une relation d'amour dans un cadre fraternel est sans connotation sexuelle.

Dans I Pierre, 1er, 22, « *agapao* » est employé pour certifier des caractéristiques de l'amour divin auxquelles il convient d'accéder[216]. Ce commandement apparait comme le résultat de la purification de l'âme. Les verbes « *agapao* » et « *phileo* » amènent à une relation d'amour nouvelle supplantant l'amour purement « *eros* ». L'amour « *eros* » renvoie davantage aux passions, aux pulsions, aux convoitises, aux

---
[215] - Jean, 5, 20.
[216] - I Corinthiens, 13, 4 et s.

fantasmes, aux émotions pervertis et attachés aux œuvres charnelles. Il renvoie à une forme d'égoïsme et cherche à se servir.

En se repentant, l'homosexuel verra sa conception de l'amour changer. Quand la bible déclare que « *Dieu* est amour », le terme « *agape* » montre qu'il ne s'agit pas d'un amour charnel, émotionnel, pulsionnel ou sexuel. Au surplus, il présente bibliquement un aspect spirituel. Mais, il n'est pas non plus simplement une affection. Aimer de tout son cœur, de toute son âme, de toute sa force et de toute sa pensée revient à considérer l'intérêt d'un renouvellement de l'intelligence afin de ne point se conformer au siècle présent, mais à être transformé par le renouvellement de l'intelligence pour connaître la volonté de *Dieu*, ce qui est bon, agréable et parfait[217]. Par ce biais, la délivrance de l'individu concerné présuppose le passage d'une logique dominée par l'« *eros* » à une autre axée sur l'« *agape* » et le « *philia* ».

3°/ La purification du cœur

Le but de la purification de l'âme est d'avoir un « cœur pur » (« *katharâs kardias* »).

« *Katharos* » - En grec, « *katharos* » signifie « pur », « net », « blanc », « purifié par le feu », « purifié par émondage », « qui n'a aucune impureté », « libéré de désirs corrompus », « libéré du péché », « libéré de la culpabilité », « libre de tout mélange faux », « sincère », « authentique », « non souillé par la culpabilité ».

Le terme désigne la libération par rapport au péché consistant en la commission de l'homosexualité, mais encore aux états d'âme de l'homosexuel. Généralement, la purification du cœur autorise la libération des pensées non sanctifiées, des désirs corrompus, des convoitises, des passions, des sentiments amoureux contre-nature. La rupture des liens par rapport au péché physique ou psychique est essentielle. Elle est permise par *Jésus-Christ* (parole de *Dieu*).

« *Kardia* » - « *Kardia* », le « cœur », recouvre plusieurs réalités. Physiquement, il est un « organe du corps », le « centre de la circulation sanguine et le siège de la vie physique ». Il est le « centre de la vie physique et spirituelle », le « centre et le siège de la vie spirituelle », la « source et le siège des pensées, des passions, des désirs, des appétits, des envies, des buts, des efforts, des affections ». Permettant la compréhension, il est « la faculté et le siège de l'intelligence », le « siège de la

---

[217] - Romains, 12, 1er et 2.

volonté et du caractère », le « siège de l'âme, des sensibilités, des affections, des émotions, des désirs, des appétits, des passions ».

Outre la pratique sexuelle, les sensibilités, les affections, les émotions, les désirs, les appétits, les passions, les envies et les pensées homosexuels sont clairement à bannir du cœur chez les concernés. La finalité de la restauration de l'âme est de couper les liens psychiques par rapport à un système organisé de promotion de l'homosexualité. Enlevant la corruption conduisant à l'aveuglement, l'*Eternel* vient rétablir le siège de l'intelligence dans la mesure où l'homosexualité produit une « intelligence déréglée ». Cela montre l'un des intérêts de la conversion pour que l'homosexuel revienne dans son bon sens.

4°/ Le rejet de la semence corruptible pour une incorruptible *via* la nouvelle naissance

La nouvelle naissance permet de s'attacher non à une semence corruptible, mais à une incorruptible, référence faite à la parole de *Dieu*.

L'orientation vers la nouvelle naissance - Le passage de la corruptibilité vers l'incorruptibilité suppose une nouvelle naissance.

<u>Le refus d'une semence corruptible pour une incorruptible</u> - La délivrance psychique de l'homosexuel suppose le changement de système et de mode de fonctionnement. Elle s'effectue par le rejet de la semence corruptible (« *fthartês* ») pour se laisser ensemencer par la semence incorruptible (« *afthartos* »).

Par essence, le corruptible est périssable, ce qui conduit à la mort. Le verbe « *ftheiro* » signifie notamment « corrompre », « détruire », « être détruit », « périr ». En somme, tout ce qui se souille ou qui est souillé est appelé à la destruction. Aussi, la destruction de la corruption est une condition primordiale de l'accès à une nouvelle vie. L'incorruptible est ce qui n'est pas soumis à la décadence, à la déchéance. C'est ce qui est impérissable, immortel, inaltérable.

La semence corruptible renvoie à tout ce qui est spirituellement contraire à la parole de *Dieu*. Il s'agit de la méchanceté, de la perversion, de la corruption, des mauvaises pensées, des convoitises, des passions, des fantasmes… L'homosexualité intègre la notion de semence corruptible, concept touchant particulièrement les pratiques sexuelles interdites, l'état du cœur et, le cas échéant, une possession démoniaque.

<u>La nouvelle naissance</u> - Le passage de la corruptibilité vers l'incorruptibilité se fait par la nouvelle naissance. Dans I Pierre, 1er, 23, il est dit : « ayant été engendrés à nouveau ». Par un acte d'amour pour tous les hommes (« *philanthropia* »)[218], il fait miséricorde en sauvant par le bain de régénération (« *paliggenesias* ») et du renouvellement (« *anakaïnoseos* ») de l'*Esprit Saint*[219]. Même si *Dieu* a livré les homosexuels aux convoitises de leurs cœurs, aux passions du déshonneur et à une intelligence déréglée, il est prêt parallèlement à accorder le salut en manifestant son amour par l'action du *Saint-Esprit* qui convainc le monde au sujet du péché, de la justice et du jugement[220].

Si l'homosexuel se maintient dans l'incrédulité, il sera convaincu de péché. Le fait pour *Christ* de s'en aller vers le *Père* et que les disciples ne le verraient pas est un témoignage de justice. En effet, en allant vers le *Père*, il montre le chemin au croyant qui a accepté de lui donner sa vie. La justice ne se réalise que par la foi amenant à la confession des péchés. Le jugement est réservé pour le « prince de ce monde » (« *arkhou kosmou* »). En revanche, celui qui croit ne vient pas en jugement mais bénéficie de la vie éternelle[221]. Si le croyant n'est pas jugé, par contre le non-croyant est déjà jugé parce qu'il n'a pas cru dans le nom de l'unique *Fils* de *Dieu*[222]. La foi en *Jésus-Christ* apporte le salut à l'homosexuel comme tout autre être humain.

La naissance de nouveau ou d'en-haut est une condition incontournable pour voir le *Royaume de Dieu*[223]. Cet engendrement est dit d'eau et d'*Esprit*[224]. Il suppose de ne pas être seulement engendré de la chair mais de l'*Esprit*[225]. Cette nécessité d'être « engendré d'en-haut »[226] s'opère par l'action de l'*Esprit* pour la transformation intérieure. Cela est utilement valable pour la personne qui, homosexuelle, décide de donner sa vie à *Christ*.

Le recours à la parole vivante et permanente de Dieu - Selon I Pierre, 1er, 23, la parole de *Dieu* réalise le passage des activités et désirs charnels vers les activités et désirs de l'*Esprit*. Cette parole est la semence incorruptible. Elle est vivante puisqu'elle donne et accompagne la vie. Là où il y a mort spirituelle à cause du

---

[218] - Tite, 3, 4.
[219] - Tite, 3, 5.
[220] - Jean, 16, 8 à 11.
[221] - Jean, 3, 16.
[222] - Jean, 3, 18.
[223] - Jean, 3, 3.
[224] - Jean, 3, 5.
[225] - Jean, 3, 6.
[226] - Jean, 3, 7.

péché, *Jésus-Christ* vient donner la vie en abondance[227] et a la capacité de libérer l'homosexuel de la mort spirituelle et éternelle s'il se repent. En clair, passer d'un fonctionnement promouvant l'homosexualité vers son refus constitue l'une des expressions spirituelles du passage de la mort à la vie.

La parole permanente est celle habitant et renouvelée à l'intérieur d'un individu. Il importe à cet effet de demeurer dans la parole de *Dieu*. La parole délivre par rapport à l'acte homosexuel, aux états d'âme et aux possessions spirituelles attachées à l'homosexualité. L'intérêt de demeurer en elle sert à éviter les esprits de retour. La rupture des liens psychiques et spirituels va s'opérer chez l'homosexuel repenti.

5°/ L'action du sang de *Christ* dans la conscience du pécheur

Pour comprendre l'action du sang de *Jésus-Christ* sur la conscience, il est bon de savoir ce qu'est la conscience et les répercussions de l'homosexualité sur celle-ci.

La notion de conscience - Lorsqu'une personne pèche, *Dieu* lui parle au travers de sa conscience. En grec, « *suneidesis* » renvoie à la « conscience », à « la conscience de toute chose », à l'« âme comme distinguant entre ce qui est moralement bon ou mauvais, incitant à faire le bien et à éviter le mal, recommandant l'un (le bien) et condamnant l'autre (le mal) ». Dans la conscience, s'exprime une faculté de discernement, de jugement dans le sens d'apprécier les choses, les situations, les propos afin de prendre une bonne décision.

Le verbe « *suneido* » consiste à « voir ensemble avec d'autres », à « voir dans son propre esprit », à « comprendre », à « percevoir », à « saisir », à « savoir dans son esprit », à « être conscient de ».

La conscience est à la fois liée à la perception et à la régulation pour signaler à l'être humain la conduite à tenir et l'état de son cœur. Elle vise à mettre en évidence le péché, l'esprit découlant d'une action. L'objectif divin n'est pas d'accuser irrémédiablement le pécheur, mais de l'amener à la conversion.

L'action de l'homosexualité dans la conscience - A cause du péché, l'homosexualité produit des auto-accusations au-dedans des pratiquants. L'accusation de la conscience est une expression de la souillure attachée à la faute et remplit la fonction de conduire à la repentance.

---

[227] - Jean, 10, 10.

Face au péché, deux comportements sont possibles. Soit l'homosexuel reconnait sa fragilité, son état psychique, émotionnel (trouble intérieur), spirituel (liens de mensonge, d'idolâtrie...) et corporel (état de santé...). Ce sont des éléments importants qui devraient davantage conduire à reconnaitre sa faute en vue de la conversion (changement d'idée et d'attitude). Soit, au contraire, il va endurcir son cœur et, à ce moment, il s'opposera à la parole de *Dieu*, manifestera de l'orgueil, se maintenant dans les « convoitises », les « passions du déshonneur » provoquant le dérèglement de son intelligence.

L'« intelligence déréglée » des homosexuels transparait dans les conduites contre-nature. A cause de l'incrédulité, l'intelligence et la conscience sont souillées[228]. Or, la bible exige une conscience pure, celle qui ne se condamne pas[229]. *A contrario*, si un individu n'a pas bonne conscience et qu'elle n'est pas en *Christ*, quand elle sera critiquée, calomniée, elle sera couverte de confusion[230].

En clair, la réaction souvent violente des homosexuels face aux reproches, aux stigmatisations, est l'expression d'une telle confusion, la conscience n'étant pas apaisée, mais troublée. La confusion ne peut être enlevée que par l'action du *Saint-Esprit* associée à la parole de *Dieu*.

De surcroît, selon la bible, ceux qui s'attachent aux esprits séducteurs et aux enseignements de démons ont, au-dedans d'eux, « l'hypocrisie des menteurs » (« *upokrisei pseudologon* »), « ayant été marqués au fer rouge » (« *kekausteriasménon* ») « dans leur propre conscience » (« *tèn idian suneidesin* »)[231].

Or, dans le monde gréco-romain, les personnes ainsi marquées étaient les prisonniers et les esclaves. Dès lors, les partisans ou enseignants de doctrines favorables à l'homosexualité, déjà semblables aux « approbateurs » que l'apôtre *Paul* a jugés dignes de mort, sont également qualifiés de menteurs dans la mesure où ils détournent la parole de *Dieu*.

Mais, en plus de cela, ces « *didaskaloi* » (enseignants) sont aussi prisonniers et esclaves. Or, la prison et l'esclavage sont des jougs visant à priver l'individu de sa liberté soit en raison du danger qu'il représente pour la société (cas du prisonnier),

---

[228] - Tite, 1ᵉʳ, 15.
[229] - II Timothée, 1ᵉʳ, 3.
[230] - I Pierre, 3, 16.
[231] - I Timothée, 4, 1ᵉʳ et 2.

soit en raison de la domination sociale, économique (…) exercée sur lui (cas de l'esclave). Selon ce langage spirituel, cette altération à la liberté spirituelle touche la propre conscience des concernés.

A défaut de repentance, la sanction présente trois dimensions : la mort de l'approbateur, la prison et l'esclavage pour l'enseignant considéré comme menteur. Or, pour l'individu ayant enseigné des doctrines favorables à l'homosexualité et décidant de se repentir, la parole de *Dieu* déclare : « Pour la liberté, *Christ* nous a libérés ; tenez bon donc et ne vous mettez pas de nouveau sous le joug de l'esclavage »[232]. Ainsi, devra-t-il éviter d'enseigner à l'avenir de telles doctrines.

L'action du sang de Jésus-Christ dans la conscience - L'objectif est de permettre au repentant de bénéficier de l'accès au sanctuaire par le sang de *Jésus-Christ*[233] car, de même que le sang purifie tout d'après la loi, l'effusion de sang permet le pardon[234]. C'est pourquoi la bible recommande de s'approcher de *Dieu* avec un cœur véridique dans la plénitude de la foi, le cœur purifié de toute mauvaise conscience, lavé quant au corps d'une eau pure[235].

La conscience de l'homosexuel est fortement altérée à cause du péché. En effet, ce dernier ne fait pas la différence entre le bien et le mal. Etant donné que la conscience permet d'effectuer le départ entre les deux, celle qui est souillée doit être purifiée en vue du discernement et de la prise de la bonne décision. A cet effet, la parole de *Dieu* indique que le sang *Christ* qui, par un *Esprit* éternel, s'est offert lui-même sans tâche à *Dieu*, purifie la conscience de l'individu des œuvres mortes, à savoir des actions incompatible avec la parole de *Dieu*[236]. En somme, le sang de *Jésus-Christ* a la capacité de laver la conscience du repentant qui, ayant développé des pratiques homosexuelles ou les ayant approuvées, culpabilise à cause de cela.

La difficulté à s'approcher de *Dieu* en raison du péché résulte de ce que les homosexuels craignent souvent la condamnation ou se sentent trop sales. Le péché met une séparation entre l'individu pécheur et le créateur. Cependant, la bonne nouvelle est que le sang de *Christ* purifie intégralement la conscience du repentant, notamment par l'élimination de la peur de la condamnation et de la honte liée au sentiment d'être souillé.

---

[232] - Galates, 5, 1er.
[233] - Hébreux, 10, 19.
[234] - Hébreux, 9, 22.
[235] - Hébreux, 10, 22.
[236] - Hébreux, 9, 14.

La finalité est la suppression de toute mauvaise conscience dans la mesure où la bonne conscience s'unit avec une bonne conduite[237]. Or, un bon comportement consiste à refuser la pratique de l'homosexualité. En cas de conscience souillée, l'action du sang de *Christ* est essentielle pour le pardon parce qu'une conscience sanctifiée s'inscrit dans la bonne conduite et dans la vérité[238].

§ 2 – La guérison spirituelle

L'origine spirituelle de l'homosexualité appelle comme réponse la lutte contre le mensonge et l'idolâtrie (A) et la délivrance par rapport à certaines possessions spirituelles dans certains cas (B).

A – La lutte contre le mensonge et l'idolâtrie

L'apôtre *Paul* a indiqué que l'homosexualité provient du mensonge (1) et de l'idolâtrie (2).

1°/ La lutte contre le mensonge

L'égarement, l'apostasie, le refus de la vérité biologique, la notion de mariage homosexuel, les pratiques contre-nature, les constructions scientifiques ou juridiques altérant le mariage hétérosexuel, les fausses doctrines sont autant d'aspects ou de conséquences du mensonge associé à l'homosexualité.

L'homosexualité en tant que mensonge - Selon l'apôtre *Paul*, les homosexuels « ont échangé la vérité de *Dieu* contre le mensonge ». Le mensonge est l'une des tactiques en vue de tromper sous toutes ses formes. La tromperie peut être liée à la dissimulation, à la flatterie, à la fausseté, à la ruse, à la fraude, à la trahison, au faux témoignage, à la sentence inique, à la fausse doctrine… Le mensonge consiste à dire ce qui n'est pas vrai et prend, de ce fait, plusieurs aspects.

Primo, certaines personnes ont été imprégnées de l'homosexualité pour s'être attachées aux mythes sur la base d'inspirations philosophiques, artistiques comme ce fut le cas en *Grèce*. Certaines légendes sont venues susciter des désirs, des constructions contre-nature ou des inspirations favorables à l'homosexualité. On

---

[237] - Hébreux, 13, 18.
[238] - II Corinthiens, 4, 2.

comprend alors que le rejet des légendes païennes constitue un aspect de la délivrance en vue de l'accès à la vérité pour les personnes concernées.

Deuzio, l'homosexualité ne permet pas d'établir une procréation naturelle. A cet effet, des techniques scientifiques substitutives employées avec l'appui de cadres juridiques propices sont des constructions humaines contrevenant à la parole de *Dieu*. L'homosexualité s'oppose à la vérité biologique et suscite des constructions familiales anti-bibliques. Il s'agira pour les personnes intéressées de reconnaitre ce péché et de s'en détourner.

Par ailleurs, à partir du moment où les constructions humaines viennent à promouvoir l'homosexualité, on comprend que l'esprit ayant présidé à de tels actes anti-bibliques résulte notamment du mensonge.

Tercio, interpréter la relation entre *David* et *Yehonatan* comme une relation amoureuse entre deux hommes de sexe masculin, penser que *Dieu* ne sanctionne pas l'homosexualité constituent des fausses doctrines liées aux esprits séducteurs. L'objectif sera alors de rejeter les mensonges doctrinaux pour rétablir la vraie doctrine de *Christ* et d'être délivré de tels esprits pour les concernés.

Quarto, le fait de s'adonner aux pratiques homosexuelles s'apparente *in extenso* à la consommation d'un fruit défendu. Par la consommation du fruit défendu, l'accès à la connaissance du bien et du mal appelle à un choix. Le refus du péché est une manière de résister à la tentation. La négation de la réalité biologique pour se laisser imprégner de convoitises, de passions ou de désirs impurs est une tentation contre laquelle les intéressés ont à lutter. Pour cela, la bible recommande de se subordonner à *Dieu*, de résister au diable et il fuira loin du croyant[239]. Lorsque les pensées, les désirs, les sentiments homosexuels viennent des individus concernés, la résistance avec fermeté s'avérera nécessaire. Alors, *Dieu* agira dans le champ de l'âme pour effectuer les délivrances utiles pour ceux et celles qui le souhaitent.

Le rétablissement de la vérité - Le rétablissement de la vérité passe nécessairement par un combat spirituel. L'influence spirituelle est perceptible depuis le jardin d'*Eden* car le serpent a transformé la parole de *Dieu* de manière à ce que l'être humain mette sa foi dans le mensonge.

---

[239] - Jacques, 4, 7.

La finalité de rétablissement de la vérité - Selon la bible, *Dieu* veut que les êtres humains parviennent à la connaissance de la vérité et qu'ils se repentent. La connaissance de la vérité produit un affranchissement corporel, psychique et spirituel permettant la destruction des pratiques, des forteresses de raisonnements, des convoitises, passions, mauvais désirs ou sentiments encourageant l'homosexualité.

Les perversions sexuelles s'associent à un système de pensées corrompues faisant que les intéressés établissent leur propre mode de fonctionnement lié au mensonge. Les constructions scientifiques et juridiques, les raisonnements individuels et collectifs promouvant l'homosexualité constituent des oppositions fortes à la vérité.

Les modalités du combat spirituel devant les raisonnements prétentieux et la puissance hautaine - La lutte contre le mensonge passe par l'abattement de tout ce qui fait obstacle à *Dieu*. Littéralement, il est dit que les armes (« *opla* » et au singulier « *oplon* ») du combat ne sont pas d'origine charnelle (« *sarkika* »), mais elles sont capables pour *Dieu* d'opérer la destruction (« *kathairesis* ») des raisonnements prétentieux (« *logismous* » au singulier « *logismos* ») et toute puissance hautaine (« *upsoma* ») se dressant (« *èpairomenon* ») contre la connaissance (« *gnoseos* ») de *Dieu* et faisant captive (« *aikhmalotidzontes* ») toute pensée (« *noema* ») en vue de l'obéissance (« *upakoèn* ») à *Christ*[240].

. Ce qu'il faut détruire - Les « *logismous* » et toute « *upsoma* » sont à détruire.

Le « *logismos* » est le raisonnement prétentieux, hostile à la foi chrétienne, un jugement venant s'opposer à *Dieu*. Cela prend en compte, non des suppositions, mais des faits avérés. Le terme vient du verbe « *logizomaï* » signifiant notamment « considérer », « juger » pour montrer que, dans le texte analysé, le jugement, l'appréciation résulte d'un esprit d'erreur. L'élévation contre la connaissance de *Dieu* apparait comme un aspect possible du mensonge.

Physiquement comme spirituellement, « *upsoma* » renvoie à une « chose élevée », une « taille », une « hauteur », une « structure élevée », une « barrière », un « rempart », une « muraille », une « fortification ». Il s'agit d'un obstacle de taille. Concernant une puissance hautaine se dressant contre la connaissance de *Dieu*, le terme grec est aussi employé pour parler de la hauteur qui ne peut résister à l'amour de *Dieu* manifesté en *Jésus-Christ*[241]. En somme, les forteresses de raisonnement

---

[240] - II Corinthiens, 10, 4 et 5.
[241] - Romains, 8, 39.

chez les homosexuels et les constructions de vie autour de l'homosexualité peuvent être abattues par l'amour de *Dieu*.

Face aux pensées, aux constructions de vie ou intellectuelles s'opposant à la saine doctrine[242], rien ne vaut le retour à la doctrine de *Christ* et la conscience de ce que l'amour de *Dieu* est capable d'opérer au-delà des contingences factuelles ou des obstacles.

. La modalité d'action - Le terme grec « *kathairesis* » montre l'amplitude de l'action nécessaire à la levée de l'obstacle. Il signifie « abaissement », « renversement », « destruction », « démolition ». En somme, sont à renverser les raisonnements prétentieux et la puissance hautaine s'opposant ouvertement à *Dieu*, donc nécessairement ceux encourageant l'homosexualité. Dans la dimension du combat spirituel, il s'agit d'une éradication complète de toute forme de promotion de l'abomination. Le verbe corroborant « *kathaireo* » est « descendre », « abaisser », « renverser », « jeter à terre », « démolir », notamment les raisonnements des adversaires à l'instar de l'abattement d'une forteresse.

. La pensée à capturer - La pensée à rendre captive, « *noema* », est une « perception mentale », un « mauvais but ». En somme, il s'agit d'une pensée résultant de la manière dont on voit les choses et qui, parfois, traduit une mauvaise perception. Ayant été utilisé pour la pensée à rendre captive à l'obéissance de *Christ*, il a été employé pour évoquer les desseins du diable[243], l'entendement difficile[244], l'intelligence (aveuglée par le dieu de ce siècle)[245], les pensées dont l'apôtre *Paul* a craint la corruption[246] et les pensées en *Jésus-Christ*[247]. Or, selon la bible, l'homosexuel a une mauvaise perception des choses, un discernement altéré.

. La notion de captivité - L'expression « faire captive » se dit en grec « *aikhmalotidzo* ». Elle signifie une suggestion forte avec pour sens d'« emmener en captivité »[248], de « rendre captif »[249]. Mais, il s'agit dans un autre contexte de la mise en évidence de l'exercice d'une autorité pour soumettre les esprits contraires. En somme, c'est « captiver », « capturer les esprits ». Ainsi, la pensée est capturée pour

---

[242] - I Timothée, 1er, 10.
[243] - II Corinthiens, 2, 11.
[244] - II Corinthiens, 3, 14.
[245] - II Corinthiens, 4, 4.
[246] - II Corinthiens, 11, 3.
[247] - Philippiens, 4, 7.
[248] - Luc, 21, 24.
[249] - Romains, 7, 23.

conduire à l'obéissance de *Christ*. C'est l'expression d'une autorité pouvant s'exercer contre les pensées fantasmagoriques, les constructions mentales, les raisonnements voulant assujettir l'individu à l'homosexualité, à son approbation ou à sa validation.

2°/ La lutte contre l'idolâtrie

L'analyse de l'idolâtrie chez l'homosexuel est pertinente devant la nécessité de casser les mauvaises alliances. La sortie de la logique d'idolâtrie passe par l'amour porté pour l'*Eternel*. Elle suppose aussi la rupture des liens spirituels de malédiction.

Les caractéristiques de l'idolâtrie chez l'homosexuel - L'apôtre *Paul* indique que les homosexuels ont « vénéré et rendu culte à la création au lieu du créateur qui est béni pour les ères, amen ». L'idolâtrie consiste à abandonner ou à refuser la parole de *Dieu*, qui est *Dieu*, pour s'attacher à la création, c'est-à-dire aux choses matérielles, aux personnes au lieu du créateur.

Si l'association est effectuée entre l'idolâtrie et la débauche, la bible déclare explicitement de ne pas devenir idolâtre[250], de ne pas se livrer à la débauche[251] sachant que les deux conduisent à la mort[252]. La parole de *Dieu* exige de ne pas être des « convoiteurs de vices » (« *èpithumetas kakôn* »)[253]. En somme, ces exigences constituent des expressions spécifiques d'une obligation biblique générale visant à s'abstenir de pécher. S'adonner à l'idolâtrie et à la débauche revient à tenter *Christ*[254]. L'idée était déjà perceptible dans l'*Ancien Testament* en ce qu'enlever les prostitués s'associait à l'impératif de faire disparaître les idoles[255].

La notion de convoiteur renvoie à celui qui porte un désir en vue de l'obtention d'un bien, d'une satisfaction personnelle voire d'une personne. Le vice n'est rien d'autre que l'inclination au mal, aux plaisirs mauvais, spécialement la débauche, la luxure. C'est une perversion, un penchant précis, un défaut grave que la morale réprouve, une habitude dont il est difficile d'en sortir. Le terme « vice » vient du latin « *vitium* »

---

[250] - I Corinthiens, 10, 7. L'« *eidololatres* » est l'adorateur de faux dieux. Une personne marchant selon ses passions, ses propres convoitises est un idolâtre. Le terme grec est structuré autour de « *eidolon* » (« image », « ressemblance », « ombre », « spectre », « fantôme », « apparition », « image d'un dieu païen », « faux dieu ») et de « *latreuo* » (« servir librement », « servir des dieux », « servir des hommes » de manière libre ou sous l'esclavage, « faire un service religieux », « adorer »).
[251] - I Corinthiens, 10, 8.
[252] - I Corinthiens, 10, 5.
[253] - I Corinthiens, 10, 6.
[254] - I Corinthiens, 10, 9.
[255] - I Rois (*Melakhim*), 15, 12 ; 22, 47.

ayant pour sens « défaut ». Dans le vice, il y a l'idée d'une altération de la conscience.

Etant donné l'existence en matière d'homosexualité d'un rapport entre l'idolâtrie et la débauche, la délivrance passera nécessairement par l'abstention de ces pratiques. En effet, la mise de côté de *Dieu* entraine par exemple un penchant à idolâtrer son partenaire prenant alors, quelque part, la place que devrait avoir le créateur. Certains homosexuels le sont devenus à cause de blessures.

Ainsi, selon une histoire véridique, un homme se sentant délaissé par sa femme a été « récupéré » par un autre, l'« ami » du couple. Ayant reçu de la tendresse et de la consolation de la part de cet « ami », le mari a carrément lancé une procédure de divorce contre sa femme pour aller vivre avec cet homme. Or, d'une part, il n'y a pas de meilleurs consolateurs que *Jésus-Christ* (la parole de *Dieu*) et le *Saint-Esprit* (« *parakletos* » : défenseur, avocat, aide). D'autre part, le délaissement de l'homme par la femme a produit chez l'homme des réactions multiples : la trahison de la femme de la jeunesse, l'adultère homosexuel, le divorce et le développement de la vie de couple entre deux homosexuels.

Chez l'homme marié, la porte avait été ouverte à l'homosexualité à cause d'un manque d'attention de la femme. N'étant pas heureux dans son mariage, l'époux a fait un report affectif sur un autre homme qu'il va alors considérer comme le centre de son affection. De plus, parce que les problèmes n'ont pas été traités en amont au sein du couple, l'« ami » est intervenu davantage comme un destructeur du mariage d'où l'intérêt de faire très attention aux conseillers eux-mêmes.

Chez la femme, les choses ne sont pas mieux. La culpabilité et la honte d'avoir été répudiée tient, non à l'amour porté par l'époux pour une autre femme (ce qui serait déjà un péché d'adultère), mais pour un autre homme, connectant ainsi les péchés d'adultère et d'homosexualité. Un tel évènement a nécessairement des incidences sur l'estime de soi chez la femme. Une femme trompée par son mari dans le cadre de l'adultère homosexuel voit sa propre féminité altérée.

Parce que l'homosexualité produit la honte, la femme ayant été trompée par un mari infidèle homosexuel développera un sentiment identique. Elle risque d'être atteinte des sentiments d'échec, d'incapacité, de ne pas être à la hauteur voire de culpabilité. De plus, le fait d'avoir délaissé son époux, la répudiation de la femme par le mari, la relation homosexuelle adultérine, la compensation affective conduisant à l'idolâtrie sont une accumulation de péchés.

A l'inverse, il peut aussi arriver que le sentiment de délaissement chez une épouse puisse avoir le même effet, celle-ci cherchant la consolation dans les bras d'une autre femme en effectuant un report affectif sur cette personne.

Dans un cas comme dans l'autre, la personne délaissée se sentira blessée et risque d'opérer un transfert affectif en tombant dans le péché. Par ce biais, elle pense être heureuse, mais il s'agit bien souvent d'une illusion car il y a des blessures inhérentes au péché. De surcroît, la recherche d'une telle compensation est anti-biblique puisqu'elle consiste, non à trouver la guérison en traitant la blessure directement, mais à chercher un exutoire au travers de l'homosexualité. Par déception ou rejet, une personne peut tomber dans l'homosexualité parce que les problèmes affectifs n'ont pas été réglés en amont au sein du couple marié.

Ce que demande la parole de *Dieu* dans ce contexte, c'est de mettre sa confiance non dans l'être humain, mais en *Dieu* pour éviter ces écueils.

La réponse donnée par la parole de Dieu - Dans son amour, *Dieu* veut conduire l'homosexuel à la conversion. A cet effet, un verset de base amène la délivrance : « Tu aimeras *YHWH*, ton *Dieu*, avec tout ton cœur, avec tout ton être et avec toute ta force »[256]. Dans le *Nouveau Testament*, *Jésus-Christ* a indiqué que c'est le premier commandement[257]. Aimer l'*Eternel* s'inscrit dans la crainte de *Dieu* et dans le rejet du péché, singulièrement l'homosexualité. Il importe d'examiner le sens d'« aimer avec tout ton cœur », d'« aimer avec tout ton être » et d'« aimer avec toute ta force ».

<u>Aimer avec tout ton cœur</u> - Le cœur dont il est question n'est pas partagé. Il est uni au-dedans de lui-même et uni à *Dieu*. Aucune partie du cœur n'est réservée à l'ennemi. Le cœur dans son entièreté doit appartenir à *Dieu*. Or, l'amour de *Dieu*, dans le sens d'aimer *Dieu*, consiste à garder ses commandements. Parmi les commandements, il y a la proscription de l'homosexualité sous toutes ses formes, le refus du mensonge et de l'idolâtrie. Donc, aimer *Dieu* revient notamment à rejeter la pratique de l'homosexualité, les constructions anti-bibliques personnelles ou collectives ainsi que les états d'âme et les possessions en découlant.

---

[256] - Deutéronome (*Devarim*), 6, 5 : « *Ve ahabetha et YHWH Elohe'kha vekol lebabekha uvekol nafshekha uvekol me'odkha* ». Dans deux autres versets du même livre, il est question d'aimer avec tout son cœur et avec tout son être » (Deutéronome -*Devarim*-, 11, 13 et 30, 6), sachant que dans le dernier cas, c'est « en vue de ta vie ».
[257] - Matthieu, 22, 37 et 38. Selon le verset 37, « *Agapéseis kution ton Theon sou èn ole tê kardia sou, kai èn ole tê psukhê sou, kai èn ole tê dianoïa sou* ».

Aimer avec tout ton être - L'être humain est composé d'un esprit, d'une âme et d'un corps.

La sanctification de l'être entier suppose que l'esprit de l'homme ne soit pas orienté vers le mensonge, l'idolâtrie, l'égarement inhérents à l'homosexualité. De son côté, l'âme refuse les convoitises, les passions, les désirs les uns envers autres résultant de l'homosexualité. De plus, la conduite pure implique particulièrement le refus de pratiques homosexuelles. En effet, le corps est le temple du *Saint-Esprit*[258].

Dans les églises où le mariage homosexuel est admis, nul doute que de telles situations attristent le *Saint-Esprit*. De plus, les officiants risquent de rendre compte à *Dieu* pour leur approbation ou leur participation.

Aimer avec toute ta force - Aimer *Dieu* suppose de ne pas placer sa force dans le péché, mais de développer des activités sanctifiées. Les personnes laissant leur force dans l'impudicité l'emploient charnellement. Une personne dilapidant sa force pour réaliser les œuvres charnelles, dont les relations homosexuelles, ne fait pas la volonté de *Dieu*. Par contre, *YHWH* avait dit à *Guideon* d'aller avec la force qu'il avait en vue de la réalisation de la volonté divine[259].

La rupture des liens spirituels de malédiction - Parce que la bible sanctionne les liens d'idolâtrie, les liens de malédiction touchent les personnes n'aimant pas *Dieu* alors que les liens de bénédiction concernent ceux qui obéissent à la parole de *Dieu*[260].

En somme, les liens de malédiction peuvent toucher plusieurs générations au sein d'une famille, la troisième ou quatrième génération pour ceux qui n'aiment pas *YHWH*. Cette réalité n'est pas exclusive de la problématique de l'homosexualité. Il arrive en effet qu'un parent homosexuel suscite la banalisation de ce péché chez son enfant ou l'éduque en ce sens. En conséquence, le lien de malédiction peut toucher l'enfant s'il accepte de se laisser influencer en ce sens.

Lorsqu'une personne a péché et qu'elle ne s'est pas repentie, le lien peut affecter l'enfant. Ainsi, le parent qui n'a pas confessé son homosexualité risque de voir son enfant tomber dans les mêmes travers à l'avenir. Ici, la problématique de la transmission intergénérationnelle des liens de malédiction se pose. Dans ces

---

[258] - I Corinthiens, 6, 19.
[259] - Juges (*Shoftim*), 6, 14.
[260] - Exode (*Shemot*), 20, 1er et s.

conditions, la délivrance passe par la rupture des liens spirituels par rapport à l'homosexualité. A défaut de confession des péchés, d'arrêt de cette spirale par la guérison de l'âme et la délivrance spirituelle, le pécheur risque la mort spirituelle et éternelle.

B – L'homosexualité face à la démonologie

Dans la bible, une histoire interpelle quant au fait que des « fils de *Beliya'al* » voulurent avoir une relation sexuelle avec un autre homme. Dès les temps anciens, le terme *Beliya'al* a été employé pour parler de démons (1). De surcroît, il ne fait pas de doute que l'homosexualité puisse mettre en évidence l'action d'esprits séducteurs (2). Cependant, d'autres esprits sont susceptibles d'agir dans ce domaine (3).

1°/ Le rapport biblique entre l'homosexualité et *Beliya'al*

Outre le fait de savoir que représente *Beliya'al*, une référence explicite est faite à son sujet en matière d'homosexualité.

Qui est Beliya'al ? - *Beliya'al* est un chef des anges qui s'est rebellé contre *Dieu* et qui est opposé à *Jésus-Christ* sous le nom de *Belial* (*Beliar* chez les grecs)[261]. En affirmant qu'il n'y a aucun accord entre *Christ* et *Belial*, le mot grec « *sunfonesis* » renvoie à une « concorde », à une « entente ». Il n'y a aucun accord (symphonie) possible entre les deux.

Historiquement, *Beliya'al* était invoqué en matière de goétie, à savoir l'art et la pratique d'invocation de démons dans l'*Antiquité*. L'acception vient de « *goêteia* » signifiant « sorcellerie » provenant lui-même de « *goos* », à savoir « lamentation ». Cependant, dans le *Nouveau Testament*, ce sont d'autres termes grecs qui ont été employés pour parler de la sorcellerie et de la magie.

Il y a « *pharmakeia* »[262] renvoyant aux « arts magiques » souvent trouvés en relation avec l'idolâtrie et stimulée par elle, à l'« utilisation et l'administration de drogues », à l'« empoisonnement », à l'« intoxication » et, métaphoriquement, aux « déceptions et séductions de l'idolâtrie ». Le vocable renvoie aux « enchantements » ou au « sortilège »[263].

---

[261] - II Corinthiens, 6, 15.
[262] - Galates, 5, 20.
[263] - Apocalypse, 9, 21 ; 18, 23.

Mais, il y a aussi « *mageia* », à savoir la « magie », les « actes de magie », la « sorcellerie »[264].

La réalisation d'actes de sorcellerie, de magie constitue une œuvre de la chair consistant en l'invocation d'esprits impurs.

Beliya'al est présenté comme un diable rempli de vices avec un extérieur séduisant, un démon suscitant la pédérastie sachant qu'à *Sedom*, un culte lui était voué. Le terme *Beliya'al* a été employé dans le cadre de l'idolâtrie[265], pour parler des deux fils d'*Eli*, le sacrificateur, couchant avec des femmes qui étaient dans le service[266], des deux accusateurs de *Naboth* influencés par *Jézabel* dans le cadre de l'organisation du meurtre judiciaire du propriétaire pour en donner la propriété à son époux[267] et des opposants à la monarchie[268].

L'assimilation de volontaires pour des pratiques homosexuelles aux fils de Beliya'al - Dans la bible, il est fait référence aux « fils de *Beliya'al* » pour désigner des hommes voulant connaitre sexuellement un autre homme, invité chez un vieillard[269]. Il y avait à l'époque une grande perversion à *Guivéa*. En l'espèce, il s'agissait d'imposer par la contrainte un rapport homosexuel. Finalement, ce fut la concubine de l'invité qui fut livrée volontairement par ce dernier à ces hommes et qui couchèrent avec elle toute la nuit[270].

En somme, la bible fait une association entre les hommes voulant avoir des relations homosexuelles avec d'autres et les « fils de *Beliya'al* ». Le terme *Beliya'al*, l'un des noms de *Satan*, veut dire « sans valeur », « mauvais », « méchanceté », « impiété ». Il se décompose de « *beli* », « sans », et de « *ya'al* », en l'occurrence le « profit », le « bénéfice », l'« utilité ».

Dès lors, il n'y a aucune utilité, aucun bénéfice, aucun profit pour les individus à s'allier dans le cadre de l'homosexualité avec autrui dans la mesure où l'inspirateur *Beliya'al* est un opposant à *Jésus-Christ*.

---

[264] - Actes, 8, 11.
[265] - Deutéronome (*Devarim*), 13, 14.
[266] - I Samuel (*Shemouel*), 2, 12.
[267] - I Rois (*Melakhim*), 21, 10 et 13.
[268] - I Samuel (*Shemouel*), 10, 27 ; II Samuel (*Shemouel*), 20, 1er ; II Chroniques (*Devrei Hayamim*), 13, 7.
[269] - Juges (*Shoftim*), 19, 22.
[270] - Juges (*Shoftim*), 19, 25.

Historiquement, l'incitation à l'homosexualité s'est trouvée inscrite dans le cadre d'actes spirituels attachés à l'idolâtrie et à la sorcellerie pour bien montrer le lien susceptible d'exister entre certaines pratiques occultes et l'homosexualité. On comprendra alors, qu'outre la délivrance psychique, une délivrance spirituelle s'avère souvent nécessaire.

2°/ Les esprits séducteurs

Les esprits séducteurs ont une influence considérable. Il s'agira de les déterminer.

L'influence des esprits séducteurs - L'*Eternel* rejette l'influence d'esprits séducteurs. A défaut de repentance, l'assujetti risque d'en supporter les conséquences.

La notion d'esprits séducteurs - Si la parole de *Dieu* s'intéresse à la question de l'antériorité du mariage et à la nature même de la pratique, elle s'inquiète également de la communion avec les esprits impurs. Parmi toutes les catégories d'esprits, les esprits séducteurs visent non seulement à tromper les gens dans leur manière de voir les choses (mensonge, duperie, fausses doctrines…), mais encore à s'inscrire dans des relations sexuelles incompatibles avec la parole de *Dieu*. De plus, l'individu se séduira lui-même.

Par exemple, l'attrait de la télévision devant des films séducteurs et la lecture de livres de même nature expriment une communion avec des esprits de débauche. Les concernés ont à se repentir, à jeter les films, les livres, les tapisseries, les statues et autres suscitant la « *porneia* » (objets érotiques…). Ils ont également à rompre ces alliances interdites en vue de la restauration de l'être intérieur.

En français, le verbe « séduire » vient du latin « *seducere* » signifiant « conduire à l'écart », « détourner ». Il s'agit de « détourner du droit chemin » (corrompre), d'« amener une femme à accorder ses faveurs », d'« emporter l'adhésion ou l'accord d'une personne en agissant sur sa sensibilité plus que sur la raison ou son intelligence » (convaincre, persuader), de « susciter par ses paroles ou sa conduite un sentiment d'admiration incontrôlée » (captiver, charmer, entraîner, fasciner, plaire), d'« entraîner dans l'erreur » (abuser, décevoir, éblouir, tromper).

Le séducteur est celui « qui se détourne du droit chemin », « qui entraîne à la faute ou à l'erreur », « qui charme par sa grâce et flatte la sensibilité ». De son côté, la séduction est l'« action de corrompre » (corruption), l'« action de conduire à l'erreur ou à la faute » (détournement), l'« action d'entraîner par un charme » (ensorcellement, fascination), le « moyen de plaire et de charmer » (agrément, influence, magie, prestige).

L'homosexualité touche à l'évidence tous ces aspects de la séduction. Elle traduit la corruption de l'être, un esprit d'erreur, une mauvaise direction ou orientation (biologique, psychique et spirituelle), l'idée de charme dans les logiques d'attirance et de sorcellerie. L'homosexuel s'est non seulement laissé séduire, mais il cherche au surplus à séduire et finit par se séduire lui-même.

Les répercussions spirituelles de la non-rupture d'alliances interdites - Il ne faut pas se tromper. Les alliances contraires à la volonté de *Dieu* amènent à la mort si elles ne sont pas rompues. Or, l'homosexualité ayant notamment pour origine l'idolâtrie, la cassure d'une telle alliance suppose que l'homosexuel se fasse violence pour dire stop à un tel système. Ce sont les violents qui s'emparent du *Royaume des cieux*.

La relation homosexuelle constitue une alliance bibliquement proscrite à éviter et à bannir sous peine de mourir spirituellement et de subir la seconde mort. La parole de *Dieu* interpelle et dit hélas pour les fils de la rébellion qui vont faire un conseil qui ne vient pas de YHWH pour verser une libation sans son souffle (esprit) pour accumuler péché sur péché[271]. Or, dans *Lévitique*, les alliances homosexuelles masculines étaient sanctionnées par la peine de mort et dans le *Nouveau Testament*, la mort éternelle est réservée à l'homosexuel non repentant et ce, indépendamment de son sexe. Les alliances interdites conduisent à la mort[272].

Les exemples d'esprits séducteurs susceptibles d'agir dans le cadre de l'homosexualité - Les esprits séducteurs agissant en matière d'homosexualité sont les esprits incubes et succubes et la sirène des eaux.

Les esprits incubes et succubes - Les esprits n'ont pas de sexe. Cependant, certains démons, évoqués depuis l'*Antiquité*, sont des esprits incubes et succubes avec une capacité de mutation. Ces esprits violeurs, violents, diviseurs de foyers, jaloux au point de provoquer parfois la mort, agissent par surprise en pleine nuit. Ils produisent chez les victimes des sentiments de honte, d'être souillés, d'incapacité face à l'emprise, des échecs sentimentaux susceptibles d'inciter parfois une personne concernée à l'homosexualité.

---

[271] - Esaïe (*Yeshayahou*), 30, 1er.
[272] - Nombres (*Bamidbar*), 25, 1er à 9.

Ces esprits cherchent à coucher avec des humains en les étouffant avec la sensation d'avoir été introduite (incube) ou en les vidant avec une éjaculation (succube). En latin, « *incubare* » est « se coucher sur » et « *succuba* » voulant dire « concubine » est décomposé de « *sub* » (« sous ») et « *cubare* » (« coucher »). Le premier s'accouplera avec les femmes et le second avec les hommes durant leur sommeil (« femme fatale », séduisante, protectrice et dangereuse).

Ces esprits s'opposent aux mariages hétérosexuels, s'attaquent au fiancé ou à la fiancée par jalousie, provoquent une multiplication des relations sexuelles, oppriment leurs victimes par étouffement et leur font faire des cauchemars.

Le mari des nuits est un esprit incube qui, s'il vient habiter à l'intérieur d'une femme, la conduirait à être attirée par des femmes. De même, la femme des nuits est un esprit succube qui, s'il vient habiter à l'intérieur d'un homme, le conduirait à avoir une attirance sexuelle pour les hommes. Dans ces cas, l'arrêt de ces pratiques nécessite au préalable une délivrance d'ordre spirituel.

<u>La sirène des eaux</u> - La sirène des eaux peut s'apparenter à la grande prostituée assise sur les grandes eaux (« *tês katheménes èpi udaton pollôn* »)[273]. La bible parle aussi d'une puissance, appelée le dragon, se trouvant dans la mer (« *hatanin asher bayam* »)[274].

La dominatrice sur les eaux est présentée comme une grande prostituée « *pornes tês megales* ». « *Pornes* » évoque la « pornographie », la « promiscuité sexuelle », la « séduction », la « luxure ». « *Megales* » renvoie à la multiplicité de partenaires, d'actes et formes de débauche. Couchant avec plusieurs et s'adonnant à toute forme de débauche, la grande prostituée fait mener une vie sexuelle débridée (impudicité, pornographie, érotisme, parties fines, prostitution, masturbation, homosexualité...).

« *Katheménes* » est la station assise démontrant la stabilisation en milieu aquatique. L'installation dans un milieu mouvementé par les flots (débauche, vie nocturne...) atteste d'une forte résistance de cet esprit et nécessite particulièrement le jeûne et la prière en vue de la délivrance[275]. De manière imagée, étant donné que nul ne peut s'asseoir sur l'eau sans s'enfoncer, alors la personne possédée se noie dans la débauche.

---

[273] - Apocalypse, 17, 1er.
[274] - Esaïe (*Yeshayahou*), 27, 1er.
[275] - Matthieu, 17, 21.

« *Udaton pollôn* », les « eaux grandes », montrent l'étendue spatiale et la profondeur des eaux. Les eaux représentent l'esprit du monde avec les convoitises charnelles, les convoitises des yeux et l'orgueil de la vie[276]. La sirène des eaux agit dans toutes les couches sociales car la bible indique que les rois de la terre se sont prostitués et les habitants de la terre se sont enivrés du vin de sa prostitution[277].

A l'origine d'échecs sentimentaux et de déceptions amoureuses, cet esprit oriente parfois l'individu vers des relations homosexuelles en profitant des blessures. La délivrance va consister à jeter dehors le démon au nom de *Jésus-Christ*.

3°/ Les autres esprits intervenant dans le cadre de l'homosexualité

Parmi les autres esprits susceptibles d'intervenir en matière d'homosexualité, il y a l'esprit de peur, celui de mort et celui d'aveuglement.

L'esprit de peur - Au travers des diverses formes de peur, on verra comment la parole de *Dieu* accorde la liberté du cœur.

<u>Les aspects de la peur</u> - La peur est une conséquence directe du péché. Lorsqu'il pécha, *Adam* ayant entendu la voix de *YHWH* dans le jardin, a déclaré avoir craint car il se découvrit nu et se dissimula[278]. Le lien direct entre la peur et le péché est bibliquement explicite.

. La peur liée à l'effet de surprise

Dans le cas d'*Adam*, la peur a découlé du fait d'avoir été surpris par *Dieu* dans un état dans lequel il ne devait pas se trouver. Or, l'effet de surprise, le fait de ne pas s'attendre à un évènement, génère la peur. Le serpent avait séduit la femme en détournant la parole de *Dieu* reçue par l'homme, puis celle-ci séduisit l'homme. Parce que le serpent a mis l'accent sur l'ouverture des yeux et le fait d'être comme *Elohim*, *Adam* et *Hawah* ne s'attendaient pas à une telle chute.

De même que ces deux protagonistes ne s'attendaient pas à une telle conséquence bien qu'avertis au départ par le créateur, de même que le trouble intérieur existant

---

[276] - I Jean, 2, 16.
[277] - Apocalypse, 17, 2.
[278] - Genèse (*Berechit*), 3, 10.

chez certains homosexuels s'explique par une peur inoculée à cause du péché. On comprendra alors que la peur découle directement de la désobéissance à *Dieu*.

De même que le serpent a détourné la parole de *Dieu* pour séduire la femme puis indirectement l'homme, de même que les fausses doctrines, les constructions familiales homoparentales apparaissent comme des mensonges faisant qu'au moment où le péché est révélé par *Dieu*, il y a un effet de surprise. C'est également pourquoi il y a, chez les homosexuels, une tendance à l'occultation de la faute, à cacher le péché ou à s'opposer à la parole de *Dieu*.

Si la conscience d'*Adam* était claire vis-à-vis du créateur, il n'aurait pas eu à se cacher. De même, si la conscience de l'homosexuel était claire vis-à-vis de *Dieu*, ce dernier n'aurait pas eu tendance à dissimuler sa faute à cause de la honte ou à craindre le regard d'autrui.

. La peur du regard d'autrui

La peur se manifeste par une gêne face au regard porté sur le craintif. En se cachant, *Adam* avait peur du regard de *Dieu* sur lui, donc du jugement qu'il pourrait recevoir. Or, nombreux sont les homosexuels ayant peur du regard d'autrui et ayant honte de ce que leur péché soit découvert. Il s'agit d'une peur de la réprimande ou celle d'avoir à affronter une situation honteuse.

L'association de l'homosexualité au péché génère une peur d'être jugé, condamné. C'est pourquoi face à la stigmatisation, l'homosexuel aura parfois des réactions virulentes. Parce que la peur réalise une action forte sur l'âme, elle apparait comme l'expression d'un manque d'estime de soi ou d'un manque d'assurance. Dans ces conditions, les adolescents se tournant vers l'homosexualité chercheront à cacher leur inclination à cause de la peur de la réaction familiale, du regard des autres, d'être stigmatisés et à cause de l'existence d'angoisses existentielles suscitant des questionnements identitaires.

. La peur et la paralysie

La peur provoque la paralysie. Ainsi, *Adam* et *Hawah* ne pouvaient plus évoluer librement dans le jardin d'*Eden* à cause du péché. Le plein épanouissement était exclu et certaines initiatives étaient paralysées à cause de la peur.

Etymologiquement, le mot « angoisse » vient du latin « *angustia* » signifiant « resserrement ». « *Angustus* » est ce qui est « étroit ». Le cœur est alors resserré, à l'étroit. L'angoissé ne ressent pas un plein épanouissement. C'est un « état douloureux, qui se traduit par un resserrement de la gorge prolongé et une inquiétude générale, en présence d'un danger réel ou non ». C'est une « vive et oppressante inquiétude ».

Cet état peut parfaitement concerner les homosexuels dans la mesure où des spécialistes ont mis l'accent sur certaines phobies. La phobie se caractérise par une « peur pathologique et irraisonnée, angoisse extrême ressentie par certains sujets en présence d'un objet, d'un animal, d'un acte... ». Ainsi, l'agoraphobie qui est la peur des grands espaces vides, la peur d'aller dans la rue provient souvent de l'attention portée sur le regard des autres. Parce qu'une personne se sent mal, elle craindra la réaction ou le regard d'autrui. Cette peur existe chez certains homosexuels.

La délivrance de la peur – La délivrance par rapport à la peur implique la confession des péchés et le fait que l'amour de *Dieu* envahit le cœur en encourageant une pleine assurance. Parce que l'amour parfait bannit toute crainte, on comprend que l'individu craintif n'est pas dans l'amour. A cause de cela, il ne peut pas s'aimer parce qu'il s'attache par exemple au regard des autres. La peur génère un mal-être intérieur.

De même, les angoisses existentielles empêchant la pleine assurance sont enlevées par le *Dieu* de l'amen (« *Elohei amen* ») car « celui se bénissant sur la terre se bénira par le *Dieu* de l'amen et celui qui fait serment sur la terre fera un serment par le *Dieu* de l'amen car seront oubliées les angoisses les premières et elles seront cachées loin de mes yeux »[279]. En créant un ciel nouveau et une terre nouvelle, les premières choses (les choses anciennes) ne seront pas rappelées et elles ne monteront pas sur le cœur[280].

Donc, on comprendra que l'homosexuel venant à *Christ* devra irrémédiablement réaliser une rupture par rapport à son passé sachant qu'un chemin peut être tracé dans le désert et que des fleuves peuvent couler dans un endroit sauvage[281]. Dès lors, pour ne pas être pris dans la tenaille de la culpabilité avec une tendance à rappeler le passé, il convient pour celui ou celle qui a cessé les pratiques homosexuelles de considérer

---

[279] - Esaïe (*Yeshayahou*), 65, 16.
[280] - Esaïe (*Yeshayahou*), 65, 17.
[281] - Esaïe (*Yeshayahou*), 43, 18 et 19.

l'ancien (« *arkhaîa* ») comme passé dans la mesure où une personne venant à *Christ* est une nouvelle créature[282].

Concernant l'inquiétude, la bible est extrêmement claire. Elle requiert de ne s'inquiéter de rien, mais en tout, par la prière, par la supplication avec des actions de grâce, de faire connaitre ses demandes à *Dieu*[283]. En agissant de la sorte, l'inquiétude sort du cœur et vient la paix de *Dieu* surpassant toute intelligence et gardant les cœurs des demandeurs et leurs pensées en *Christ Jésus*[284]. Dans ces conditions, la paix de *Dieu* remplace l'inquiétude qui n'est que l'expression de l'esprit de peur associé à l'incrédulité.

L'esprit de mort - Au-delà du fait que le péché conduit à la mort, les statistiques ont permis de constater un taux de suicides élevé chez les homosexuels par rapport aux hétérosexuels. Les études scientifiques relèvent une proportion plus importante de pensées de suicide chez les homosexuels par rapport aux hétérosexuels. C'est au point où certains se sont même mutilés. Ce comportement témoigne du manque d'amour vis-à-vis de soi.

Pourtant, la bible déclare explicitement : « Tu ne commettras point de meurtre »[285]. Ce commandement concerne le meurtre d'autrui comme celui de soi-même. Ce verset s'interprète donc comme interdisant le suicide. *Dieu* étant celui qui donne la vie, il n'appartient pas bibliquement à un individu de se supprimer.

L'envie de se suicider est souvent liée au mal-être intérieur, à une souffrance difficile à supporter, à une honte, au rejet ou à une incompréhension. L'individu se retourne contre lui-même en mettant en péril l'intégrité de son corps. C'est souvent un ensemble de facteurs cumulés (discriminations successives, rejets, troubles divers…) qui, arrivés à leur paroxysme, vont susciter une telle motivation.

Ainsi, il peut y avoir un lien entre l'homosexualité et l'esprit de mort. On en connait les répercussions sur la mort spirituelle et éternelle, à moins de se repentir. En venant à *Christ*, l'individu passe de la mort à la vie car la mort est le dernier ennemi sur lequel *Christ* a obtenu la victoire. Dans ce contexte, la « *metanoïa* » offre de

---

[282] - II Corinthiens, 5, 17.
[283] - Philippiens, 4, 6.
[284] - Philippiens, 4, 7.
[285] - Exode (*Shemot*), 20, 13.

nouvelles perspectives de vie par la délivrance de l'esprit de mort. En effet, l'esprit de vie en *Jésus-Christ* affranchit le croyant de la loi du péché et de la mort[286].

L'esprit d'aveuglement - Les anges ont été destinés à la réalisation du plan de *Dieu*. Mais, certains se sont détournés du créateur et furent placés dans les ténèbres et ce, éternellement[287]. En recherchant des unions contre-nature, allant dans une « chair différente », le péché de *Sedom* culminait[288] lorsque les habitants cherchaient des relations charnelles avec deux messagers envoyés à *Lot*[289].

Les messagers qui étaient à *Sedom* sont en hébreu des « *malakhim* », terme rendu par « hommes » ou par « anges ». Au singulier, le vocable « *malak* » est le « messager », l'« envoyé », un « ange » ou l'« ange de la théophanie manifestant une apparition divine ». Généralement, le terme « messager » est employé concernant l'homme parlant de la part de *Dieu* ou l'ange délégué à cet effet. Le message se dit en hébreu « *mal'akuwth* »[290].

Deux messagers arrivaient au soir à *Sedom*, *Lot* étant assis à la porte de la ville. Il les vit, se leva, s'inclina devant eux et les invita à passer la nuit[291]. Ils restèrent, mangèrent le repas et les azymes[292]. A ce moment, les hommes de la ville de *Sedom* encerclèrent la maison, « depuis le garçon jusqu'au vieillard »[293].

Ils demandèrent alors à *Loth* où étaient les hommes qui étaient venus vers lui en lui demandant de les faire sortir pour qu'ils les connaissent[294]. Au regard du contexte de cette histoire, c'était un langage visant à marquer la volonté d'avoir des relations sexuelles. *Loth* sortit vers eux en fermant la porte derrière eux[295] et, le comble, il proposa plutôt ses deux filles qui ne connurent point d'hommes[296]. Le sens de l'hospitalité était tel qu'il fallait marquer du respect envers l'invité quitte à livrer ses propres filles. Avec des menaces et avec violences, ces individus bousculèrent *Loth* et s'approchèrent de la porte pour l'enfoncer[297]. Les hommes messagers tendirent la

---

[286] - Romains, 8, 2.
[287] - Jude, 6.
[288] - Genèse (*Berechit*), 18, 20.
[289] - Genèse (*Berechit*), 19, 5.
[290] - Aggée (*Haggaï*), 1er, 13.
[291] - Genèse (*Berechit*), 19, 2.
[292] - Genèse (*Berechit*), 19, 3.
[293] - Genèse (*Berechit*), 19, 4.
[294] - Genèse (*Berechit*), 19, 5.
[295] - Genèse (*Berechit*), 19, 6.
[296] - Genèse (*Berechit*), 19, 8.
[297] - Genèse (*Berechit*), 19, 9.

main pour faire entrer *Loth* et faire refermer la porte[298]. Et, les gens à l'entrée de la maison, depuis le plus petit jusqu'au plus grand, furent frappées de cécité et ne purent trouver l'entrée[299].

Les deux messagers reçus par *Loth* l'avaient protégé. Les gens voulant avoir des relations contre-nature furent frappés d'aveuglement. En clair, une personne s'adonnant à l'homosexualité est atteinte de cécité spirituelle, ses pensées étant dans les ténèbres. En hébreu, le mot « *sanver* » (« *sanverim* ») montre la soudaineté de cet état.

Par rapport à l'aveuglement spirituel causé par le « dieu de ce siècle », la bible donne une réponse pertinente. L'ouverture des yeux des aveugles passe par une action de l'*Esprit* de *Dieu*[300]. L'ouverture des yeux se dit en hébreu « *pedash-qowash* ». « *Paqash* » veut dire « ouvrir » concernant les yeux ou les oreilles et « être ouvert ». Spirituellement, l'accès à la vue renvoie à une forme de délivrance, au rétablissement de l'ordre divin, à la cessation des pratiques contre-nature et au recouvrement du bon sens.

L'ouverture des yeux témoigne d'une nouvelle perception des choses dans la perspective d'accès, en faveur du repentant, à une nouvelle vision constructive accompagnant une démarche de sortie de la logique homosexuelle.

---

[298] - Genèse (*Berechit*), 19, 10.
[299] - Genèse (*Berechit*), 19, 11.
[300] - Esaïe (*Yeshayahou*), 61, 1er.

Conclusion

La justice et l'amour de *Dieu* encouragent la *metanoïa* de personnes s'étant adonnées de manière occasionnelle, continue, dans le cadre ou non d'un mariage, à l'homosexualité indépendamment de la forme (masculine, féminine, institutionnalisée, légalisée…). Mais, ils appellent aussi les personnes ayant approuvé l'homosexualité, d'une manière ou d'une autre, à se repentir.

Par ce biais, s'ouvrent de nouveaux champs relationnels avec, en perspective, une construction de vie conforme aux aspirations bibliques. La bible offre une possibilité de reconstruction s'il y a une sincère repentance par rapport aux pratiques dénoncées, aux états d'âme associés, subséquents et aux esprits en présence.

Bien plus, la lutte contre le mensonge, l'idolâtrie, l'égarement, l'aveuglement, les fausses doctrines, la peur, les esprits de séduction est essentielle. Au-delà des conceptions humaines, un choix s'impose pour chacun des concernés. L'accès à la connaissance de la vérité produit l'affranchissement, d'où cet extrait de la bible :

« Et fut la parole de *YHWH-Tseba'oth* en disant : Ainsi a dit *YHWH-Tseba'oth* : J'éprouve une passion jalouse pour *Tzion*, une passion grande et une fureur grande. J'éprouve une passion jalouse pour elle. Ainsi, a dit *YHWH* : Je suis revenu à *Tzion* et je demeure au milieu de *Yerushalayim* et sera appelée *Yerushalayim* la ville de la vérité et la montagne de *YHWH-Tseba'oth* la montagne de la sainteté »[301].

---

[301] - Zacharie (*Zekharia*), 8, 1ᵉʳ à 3.

Oui, je veux morebooks!

I want morebooks!

Buy your books fast and straightforward online - at one of the world's fastest growing online book stores! Environmentally sound due to Print-on-Demand technologies.

Buy your books online at

www.get-morebooks.com

Achetez vos livres en ligne, vite et bien, sur l'une des librairies en ligne les plus performantes au monde!
En protégeant nos ressources et notre environnement grâce à l'impression à la demande.

La librairie en ligne pour acheter plus vite

www.morebooks.fr

OmniScriptum Marketing DEU GmbH
Heinrich-Böcking-Str. 6-8
D - 66121 Saarbrücken
Telefax: +49 681 93 81 567-9

info@omniscriptum.com
www.omniscriptum.com

www.ingramcontent.com/pod-product-compliance
Lightning Source LLC
Chambersburg PA
CBHW022013160426
43197CB00007B/417